Helmut Ebeling

Ein Koffer unter der Kellertreppe und eine Leiche darin

Geschichten aus der schwarzen Chronik Hamburgs

ERNST KABEL VERLAG

KTB 4

Das Bildmaterial wurde vom Staatsarchiv in Hamburg, der Lehrmittelsammlung der Polizei Hamburg und der Staatlichen Landesbildstelle Hamburg zur Verfügung gestellt.

Umschlag: Design-Pit
Gesamtherstellung: Clausen & Bosse, Leck
ISBN 3-921909-18-x

Inhalt

EINE FLASCHE CHLOROFORM FÜR DIE GENERALIN

Das mehrere tausend Seiten starke Konvolut Akten über den aufsehenerregendsten Kriminalfall des Jahres 1920 beginnt mit einem dürren Bericht von dreizehn Zeilen. Wachtmeister Moritz II von der Wache 22, Dienst-Nr. 755, schrieb in den frühen Morgenstunden des 18. Dezember:

»In der Nacht vom 17. zum 18. Dezember 1920, um 12.15 Uhr, teilten mir sowie dem Wachtmeister auf Probe (Nr. 146) Franke II, auf unserem Rundgange Auguststraße/Ecke Schöne Aussicht zwei Mitglieder der Einwohnerwehr mit, daß Schöne Aussicht gegenüber Nr. 16 zwei Personen liegen. Wir begaben uns sofort dorthin und fanden eine Frau und einen Mann leblos liegend vor. Die Frau hatte ein mit einer stark riechenden Flüssigkeit getränktes Tuch im Mund, welches sofort entfernt wurde. Die Wache erhielt Kenntnis.«

Der Oberingenieur Ernst Jochmann aus der Averhoffstr. 4 und der Kaufmann Walter Michael vom Hofweg 45 hatten in dieser klaren und mäßig kalten Nacht um 11 Uhr abends die Wache der Einwohnerwehr in der Carlstraße verlassen, um ihre Streife zu beginnen. Sie bummelten auf der Häuserseite der Schönen Aussicht in Richtung Schwanenwik, als sie in der Höhe der Auguststraße vom gegenüberliegenden Fußweg an der Wasserseite ein Stöhnen hörten. Beide verhielten und sahen im fahlen Schneelicht, etwa dreißig Meter entfernt, zwei Körper liegen. Von irgendwoher waren Schritte hörbar, die sie nicht lokalisieren konnten. In der Furcht, es könne auch noch ein Hinterhalt geplant sein, warteten sie ab und beratschlagten. Sie hatten ihre Überlegungen noch nicht abgeschlossen, als aus dem Dunkel der Nacht die Schutzleute Moritz und Franke zu ihnen stießen, die sich, zumal sie bewaffnet waren, weniger unentschlossen zeigten. Die vier Männer liefen auf die Alsterseite hinüber. Sie fanden dort einen jüngeren Mann und eine ältere Dame auf dem Gehweg liegen: Die Dame, etwa 1,60 groß und untersetzt, war reglos – der junge Mann wälzte sich hin und her.

Jochmann beugte sich über die Frau. »Die hat ja'n Tuch im Mund«, sagte er überrascht. Er konnte es ohne große Mühe herausziehen; ein penetranter Geruch nach Äther oder Chloroform stieg auf, ohne daß er dieses freilich im Augenblick mit Sicherheit hätte beurteilen können. »Jedenfalls«, so äußerte er sich später, »roch es wie nach Krankenhaus . . .«

Wachtmeister Moritz II beschäftigte sich indessen mit dem danebenliegenden jungen Mann. Als dieser den Beamten über sich sah, hob er – als ob er nach seiner Begleiterin sehen wollte – den Kopf und rief für einen Ohnmächtigen recht laut: »Lebt die Exzellenz noch? Lebt sie noch?« Er verdrehte die Augen, der Kopf fiel wieder in den dünnen Schnee.

Nun – glücklicherweise lebte die alte Dame noch, wenn auch der Puls beängstigend langsam und der Atem unruhig ging. Moritz jagte die beiden Einwohnerwehrmänner los, einen Arzt zu holen. Sie kamen ergebnislos zurück. Er schickte Franke los, ließ die Frau auf eine Bank am Wege betten. Zwei Männer von der Wach- und Schließgesellschaft kamen hinzu, boten ihre Hilfe an. Ob sie etwas beobachtet hätten, fragte Moritz. Nein, sie hatten nichts gehört und gesehen. Der junge Mann hatte sich erholt und stand etwas benommen und bedrückt zwischen den Helfern.

Als Moritz hörte, daß die alte Dame in der Carlstraße wohne, entschloß er sich, sie in ihre Wohnung bringen zu lassen. Aus einem der benachbarten Villengärten schleppten die beiden Wachmänner eine Leiter herbei, legten die in ihrer Bewußtlosigkeit schwach stöhnende Frau darauf und trugen sie zu viert den Weg entlang, als ihnen an der Ecke Carlstraße der Krankenwagen entgegenkam. In aller Eile verluden sie das Opfer und ließen es ins Krankenhaus St. Georg bringen.

Jochmann schien es verdächtig, daß sich der junge Mann so wenig um das Schicksal seiner Gefährtin, oder was immer sie auch gewesen sein mochte, kümmerte. Ja, er fand es merkwürdig, daß dieser immer wieder unablässig und genau die Umgebung beobachtete, so daß er – kaum daß die nächtliche Gruppe auf der Wache angekommen war – zu Wachtmeister Moritz sagte: »Ich lasse mich fressen, wenn der Kerl nicht daran beteiligt ist. Das untersuchen Sie man genau . . .«

Moritz nickte; denn das, was ihm der junge Mann noch am Tatort und auf dem Wege zum Wachrevier zögernd berichtet hatte, hatte seinen Argwohn im höchsten Grade erweckt. So hieß er ihn, sich hinter der Barriere in der Wachstube an den Ofen zu setzen, und machte sich an die Arbeit, den Tatbestand festzuhalten.

Der junge Mann, so stellte sich heraus, war der kaufmännische Angestellte Georg Lecke, 27 Jahre alt und aus der Kasseler Gegend gebürtig. Er sei, so berichtete er, mit der alten Dame bekannt, man könne sogar sagen, befreundet. Es handele sich um die Generalswitwe Frau Exzellenz Angela von Conring geborene Störzel, 70 Jahre alt und in Mayatlaa in Mexiko geboren. Frau Conring wohne im gleichen Hause wie er selbst: Carlstraße 1/Ecke Schöne Aussicht. Doch lassen wir ihn selbst berichten:

»Ich wohne seit März 1920 bei Frau Elise Watty als Einlogierer. Frau Exzellenz von Conring wohnt auf derselben Etage als Einlogiererin. Auf der zweiten Etage hat sie ihr Schlafzimmer, auf der ersten Etage ihren Salon. Im Laufe der Zeit freundeten wir uns an, so daß ich des Abends immer viel mit ihr zusammen war. Ich nahm ihr viele Besorgungen ab und ging mit ihr auch viel ins Kino sowie zum Essen ins Restaurant. Gemeinsam machten wir viele Spaziergänge, und abends saß ich fast immer in ihrem Zimmer und las ihr aus der Zeitung vor. Für gestern Abend hatten wir uns telefonisch für 7 Uhr im Mieteamt Mühlendamm verabredet und gingen anschließend noch in Fleischr Weinstuben im Bieberhaus zum Abendessen. Da die Frau von Conring mir gegenüber immer sehr großzügig gewesen war und oft bezahlt hatte, beglich ich gestern Abend zum großen Teil die Rechnung. Ich zahlte etwa 100 Mark, während Frau von Conring 30 Mark bezahlte.

Gegen 11.20 Uhr gingen wir in bester Stimmung nach Hause. Meinen Vorschlag, mit der Straßenbahn nach Hause zu fahren, lehnte sie mit der Begründung ab, es sei schönes Wetter. Die Nacht war klar, vorher war leichter Schnee gefallen. Wir gingen an der Alster entlang. In der Schönen Aussicht, ziemlich in Höhe der Auguststraße – wir waren im tiefsten Gespräch –, hielt mir plötzlich eine mir unbekannte Person ein mit einer süßlichen Flüssigkeit getränktes Tuch vor mein Gesicht. Ich verlor die Besinnung. Der Unbekannte würgte mich am Halse, so daß ich zu Boden fiel. Ich hörte in meinem Dämmerzustand die Frau von Conring schreien. Als ich wieder allmählich zu mir kam, sah ich die Frau von Conring neben mir auf dem Erdboden liegen. Ich bemerkte ferner mehrere Beamte um mich herum. Ich erholte mich schnell, wobei ich mich einige Male übergeben mußte.

Die Beamten trugen die Frau zur nächsten Bank. Bei dem Überfall ist meine Barschaft von etwa 1 000 Mark sowie die Handtasche der Conring, die Ohrringe, die zwei Fingerringe und vermutlich auch die Brosche der Frau von Conring gestohlen worden.

Ich habe keine Person direkt gesehen, nehme aber an, daß es zwei Täter waren, da die Täter uns beide zur gleichen Zeit überfielen.«

Lecke beschrieb die Schmuckstücke der Überfallenen: zwei Ohrringe mit je einer Perle und zwei Brillanten, die Brosche dreieckig und mit mehreren Brillanten und einer hängenden Perle besetzt, einer der Ringe mit einer schwarzen Perle. In der Handtasche hätten sie mehrere Schlüssel und einige Papiere befunden.

Kriminalwachtmeister Haberland vom Kriminalrevier 10 in der Oberaltenallee, noch in der Nacht an die Wache in der Heinrich-Hertz-Straße gerufen, hörte sich die Geschichte an. Doch wie sollte er seine Bedenken begründen? Mit seinem Gefühl etwa? Noch einmal suchte er den Tatort ab. Aber er fand nichts weiter als zwei Batisttücher, offenbar aus einem größeren Stück herausgeschnitten – eines davon blutig, beide penetrant nach Chloroform riechend.

Wieder an die Wache zurückgekehrt, machte er sich mit einem Schutzmann und Lecke auf den Weg zur Wohnung der Generalin, durchsuchte dort alles gründlich, auch das Zimmer des jungen Mannes. Aber es ergab sich nicht das geringste, was ihm Aufschluß über die Tat hätte geben können. Auch was er befürchtet hatte, daß nämlich die Räuber mit den erbeuteten Schlüsseln inzwischen die Wohnung heimgesucht haben könnten, bestätigte sich nicht. So versiegelte er die Räume und fragte vom Revier aus im Krankenhaus St. Georg an, wie es der Generalin ginge.

Die Nachricht, die Haberland erhielt, überraschte ihn. Die alte Dame war bereits auf dem Transport verstorben. Sie hatte, wie die Obduktion ergab, infolge der Chloroformierung erbrechen müssen, wobei ein Teil des Mageninhalts in die Luftröhre geraten war. Diagnose: Tod durch Ersticken. Ihr Ableben – so der Arzt – stehe mit der erlittenen Mißhandlung in ursächlichem Zusammenhang.

Lecke, der noch auf der Polizeiwache diese Meldung erfuhr, brach vollends zusammen. Er weinte ununterbrochen, und Haberland brauchte einige Zeit, ihn zu beruhigen.

Vielleicht war es diese menschlich so begreifliche Reaktion, die ihn schließlich davon überzeugte, daß Lecke mit der Sache tatsächlich nichts zu tun haben könne, vielleicht aber waren es auch die durchaus beruhigenden und günstigen Aussagen über Lecke und dessen Verhältnis zur Generalin gewesen, die er in der Eile zur Nachtzeit hatte erlangen können und die ihn zu dem verhängnisvollen Satz veranlaßten, dessen voreiligem Schluß seine Kollegen von der Mordkommission für einige Tage folgten: »Mein mehrstündiges Zusammensein mit Lecke erbrachte mir den Eindruck, daß Lecke als Täter nicht in Frage käme . . .«

Es sollten sich noch einige Überraschungen ergeben.

Bereits zwei Tage später, nachdem die Presse über den Fall und die gestohlenen Schmucksachen berichtet hatte, gingen die ersten spärlichen Hinweise ein.

In den Jahren nach dem ersten Weltkrieg hatten sich viele sonst gut renommierte Lokale und Cafés zu Schwarzhandels- und Schieberzentralen entwickelt, und besonderer Beliebtheit erfreuten sich damals die Cafés Vaterland, Wallhof, Olympia und der Alster-Pavillon. Natürlich blühte der illegale Handel auch in einer Unzahl anderer Lokalitäten, doch die »bessere« Schiebergesellschaft bevorzugte eher eine gepflegte Atmosphäre. Es ist nicht überliefert, ob der Zeuge Zeißler, genannt »der Sommerleutnant« und damals kaufmännischer Angestellter und in den Colonnaden in einer Pension wohnhaft gewesen, auch zu diesen Kreisen zählte, aber vermuten kann man es sicherlich. Zeißler war es nämlich, dem nicht von ungefähr am Tage nach dem Morde, als er unter den Palmen des Alsterpavillons bei einer Tasse Kaffee dem geschäftigen Treiben zuschaute, von einer sehr eindeutigen »Dame« ein Ring zum Kauf angeboten wurde, der genau dem Brillantring mit der Perle entsprach, von dem er in der Zeitung gelesen hatte, daß ein solcher der Generalin von Conring geraubt worden sei. Zeißler war die Sache zu »heiß«, vielleicht aber hatte er auch die geforderten 20 000 Mark nicht zur Hand – so fragte er die Schöne, wieso sie an einen derartig wertvollen Ring komme. Lässig und fast ein wenig patzig hatte sie geantwortet, sie sei mit einem Juwelier bekannt, und der habe ihn ihr geschenkt.

Natürlich sah sie nicht danach aus, doch soll damit nicht gesagt sein, daß nicht auch Juweliere einmal an ordinäre Mädchen geraten können. Zeißler beschloß jedenfalls, selbst

Detektiv zu spielen. Die Sache interessierte ihn, vielleicht witterte er auch ein Geschäft. Er setzte sich mit den Angehörigen der Toten in Verbindung, denen wiederum Herr Zeißler nicht ganz geheuer vorkam. Sie benachrichtigten die Kriminalpolizei. Der Amateurdetektiv stellte sich allerdings – jedenfalls diese Affäre betreffend – als harmlos heraus, doch wenigstens gelangte man auf eine gewisse Wegemann – und in der Tat eine »Gewisse« – aus der Fuhlentwiete.

Weit wichtiger aber war, was ein Zigarrenhändler aus der Martin-Luther-Straße, der sich am Nachmittag des 18. Dezember – also dem Tage nach dem Mord – in der Wirtschaft von Lemanski im Brauerknechtsgraben 48 aufgehalten hatte, zu sagen wußte. Er hatte an der Theke gesessen, als zwei junge Männer hereingeschlendert kamen, sich ein Bier bestellten und ihn fragten, ob er nicht Interesse für Schmuck hätte. Nur so mal eben ...

Natürlich hatte er. Jeder handelte mit allem, also warum auch nicht?

»Laßt mal sehen!«

Sie hockten sich an einen Ecktisch.

»Ist 'ne ganz besondere Gelegenheit. Echter Schmuck, und nur fünfzehntausend ...«

Den einen, der aus einem kleinen Pappkarton vorsichtig den Schmuck auswickelte, kannte der Zigarrenhändler: Es war der »Berliner Adolf«. Der »Berliner Adolf« legte seelenruhig zwei goldene Damenringe mit einer weißen und einer schwarzen Perle und jeweils zwei kleinen Brillanten, dazu ein Paar goldene Ohrringe mit weißer Perle, und einen Brillantring vor. Gespannt beobachtete er den Zigarrenhändler. Der blickte ihn nur schief an.

»Schöne Stücke. Aber die sind doch geklaut? Oder?«

Adolf blieb völlig unbeeindruckt. Er nahm die Schmuckstücke, wickelte sie wieder ein, legte sie in das Kästchen zurück und brummte: »Brauchst sie ja nicht koofen . . .«

Lemanski, dem Wirt, war die Sache nicht entgangen. Er schlurfte auf die drei zu: »Laßt mal sehen, was ihr da habt!« Der »Berliner Adolf« winkte ab: »Laß man! Kümmer dir nicht drum, is ooch nischt for dir!«

Kriminalobersekretär Förster – er hatte die Sache übernommen – hatte schnell festgestellt, wer sich hinter dem »Berliner Adolf« verbarg: Adolf Templin, 33 Jahre, Fuhrmann von Beruf, wohnhaft am Zeughausmarkt, wegen Hehlerei vorbestraft und überdies als Zuhälter bekannt. Inzwischen war er aber über den »Sommerleutnant« und die Wegemann auf zwei andere Männer gestoßen, und diese Entdeckung wurde recht aufschlußreich. Ein gewisser Brügmann und ein Paul Klingebiel schienen mehr, als gut sein konnte, mit der Sache in Verbindung zu stehen, und zu alledem waren diese beiden – zur grenzenlosen Überraschung des Kriminalisten – auch noch Kompagnons des so harmlosen Herrn Lecke: Sie betrieben nämlich gemeinsam eine Firma mit Handelsartikeln für Straßenhändler.

Die Sache hatte nur einen Haken: Weder Brügmann noch Klingebiel war etwas zu beweisen. Nun ja, sie hatten von der schrecklichen Sache durch die Zeitungen erfahren; es habe ja alles lang und breit im »Fremdenblatt« gestanden. So setzte Förster alles daran, des »Berliner Adolf« habhaft zu werden. Am Vormittag des 4. Januar 1921 erhielt er einen Tip. Templin wurde in der Wohnung seiner Schwiegermutter am Zeughausmarkt festgenommen und zu ihm aufs Stadthaus gebracht.

Aber auch Templin, natürlich der Unschuldigsten einer und mit allen Wassern gewaschen, berichtete eine Geschichte, die Förster vorerst nur zähneknirschend zur Kenntnis nehmen konnte. Ja, er habe die Ringe in der Kneipe von Lemanski angeboten. – Warum? – Na, als Vermittler nur, wie das so ist beim Schwarzhandel...

Ob das verboten sei, fragte er frech. Ein gewisser Paul Wöhlecke – so 'n Großer! – habe ihn gebeten, die Ringe für ihn zu verkaufen. Das habe nicht geklappt, und so habe er die Ringe zurückgegeben.

Wo sich der Wöhlecke denn aufhalte?

Der Wöhlecke? Na da, wo er immer sei: im Alster-Pavillon.

Förster machte sich auf den Weg. Unverdrossen klapperte er zusammen mit Templin und einem Kollegen die Lokale ab: Alster-Pavillon, Vaterland, die kleinen Dinger in den Nebenstraßen. Aber nichts. Wöhlecke war und blieb verschollen. Sicher wären Förster die Augen übergegangen, hätte er gewußt, was er erst später erfahren sollte: Wöhlecke war kein Geringerer als Klingebiel. Immerhin war es ihm ein schwacher Trost, daß er trotz aller Fehlschläge wenigstens den »Berliner Adolf« erst einmal einsperren konnte. Der Kerl hatte noch einen »unerledigten Rest« abzubrummen. Inzwischen würde man weitersehen...

Doch seine Enttäuschung wurde – es war inzwischen Januar geworden – eher größer. Georg Lecke, Freund, angeblicher Bevollmächtigter und Beweiner der Toten, und Herr Brügmann – sie waren spurlos verschwunden. Wie es hieß, hatten sie sich ins Ausland abgesetzt.

Erst Anfang Februar, als Klingebiel in Lüneburg bei einem Einbruch verhaftet werden konnte, stellte sich die Affäre um die Ermordung der Generalin von Conring ganz anders dar:

Der Festgenommene hatte Lecke und dessen Kompagnons Hass und Brügmann im Sommer 1920 vorerst nur flüchtig kennengelernt. Die Beziehungen waren jedoch zum Herbst fester geworden. Leider hatte die Firma der Genossen einen Fehler: Sie litt ständig an Geldmangel. Als sie im Dezember in einem Kontorhaus an der Holzbrücke ein Zimmer gemietet hatten, war der Kontenstand so miserabel, daß sie täglich mit einem Rausschmiß rechnen mußten, denn die wöchentliche Miete waren sie bereits zweimal schuldig geblieben. Gläubiger und Gerichtsvollzieher waren die häufigsten Kunden.

Die Lage war prekär. Sie wurde so prekär, daß sie es für einen großartigen Einfall, ja für die Erlösung aus aller Misere hielten, sich das so nötige Geld durch ein Verbrechen zu beschaffen. Das Gespräch kam auf Lecke und seine Bekanntschaft mit der angeblich so sagenhaft reichen Generalswitwe. Sollte man die Frau in der Wohnung überfallen? Oder konnte man nicht eine ihrer wertvollen Bronzen bei günstiger Gelegenheit einfach stehlen? Nun, die Sache war zu gefährlich: der Verdacht hätte nur allzu leicht auf Lecke fallen können.

Aber was tun? Geld mußte heran, viel Geld, und das so schnell wie möglich. Es war Hass, der den genialen Gedanken hatte: Man würde einen Raubüberfall fingieren und Lecke und die alte Generalin abends auf einem Spaziergang überfallen. Man würde beide betäuben und die Schmucksachen rauben ...

Allein, Klingebiel hatte Bedenken. Alles, was er tun könne, so meinte er, sei, das Chloroform zu besorgen. Ganz bestimmt könne man im Alster-Pavillon oder im Café Vaterland alles an guten und knappen Medikamenten bekommen. Wenn es schon fast an jeder Straßenecke Salvarsan zu kaufen gab, warum nicht auch Chloroform? Klingebiel war es auch, der sich wenigstens einigermaßen über die Dosierung informiert zeigte: Er war während des Krieges zweimal operiert worden und meinte sich zu erinnern, man brauche etwa fünfzig Gramm für eine Narkose.

Klingebiel machte sich auf den Weg. In einer obskuren Kneipe in der Rosenstraße traf er einen Mann, der auf den Namen Krause hörte. Dieser junge Herr Krause war der Sohn eines Staatsbeamten, dessen pädagogische Fähigkeiten in der eigenen Familie nicht ganz zur Entfaltung gekommen waren. Als schwarzes Schaf unter seinen Geschwistern zog der junge Herr es vor, vom Nichtstun und dem sündigen Erlös jener freundlichen Damen zu leben, an denen es in Hamburg noch nie gemangelt hat.

Krause nun, mit allen Kenntnissen des »Milieus« ausgestattet, wußte Rat. Es traf sich wunderbar, daß er eine Frau Wegemann kannte – wir kennen sie bereits –, die Zugang zu dem Stoff der Träume hatte, der so dringend benötigt wurde. Wen wundert es noch, daß auch die Wegemann nicht auf dem Pfad der Tugend wandelte? So hatte sie auch keine Bedenken, das Zeug zu beschaffen, das übrigens aus den Beständen des Marinelazaretts Brügge in Belgien stammte, von wo es ein Krankenwärter bei Kriegsende nach Deutschland gerettet hatte.

Eine gewisse Schwierigkeit war allerdings die, daß die Wegemann das Chloroform wiederum von einer gewissen Frau Adam zu erhalten hoffte, deren Lebensführung in sittlicher Hinsicht auch nicht so ohne war. Die Wegemann hatte ein trauriges Los: Ihr Mann befand sich gerade im Knast, doch hatte sie anstelle seiner gerade den Besuch eines aus diesem Institut ausgebrochenen Herrn bekommen, der ihr, wie sie vertraulich berichtete, viele liebe Grüße von ihrem trauten Franz bestellt hatte und sich schon deshalb im Augenblick ihrer Gunst erfreute.

Man sieht, die Sache wurde immer verzwickter, und aus den ursprünglich vier oder fünf Beteiligten waren schon sechs oder sieben geworden. Nun, wo der Plan so vortrefflich und aussichtsreich war, wollte der Besucher der Strohwitwe Wegemann auch nicht zurückstehen und sein Scherflein beitragen. Es war kein anderer als der »Berliner Adolf«.

»Hört mal, Jungs«, mischte er sich mit seiner Ganovenerfahrung ein, »wenn es ein gutes Ding zu machen gibt, bin ich dabei. Mir macht das alles nichts (man konnte es ihm ansehen), und wenn ich einem eins auf den Kopf hauen soll. Die Hauptsache ist, es fällt was dabei ab . . .«

Genau das aber hatten sich auch die Wegemann und Herr Krause gedacht, und so ist zu begreifen, daß unter diesen Umständen der mittlerweile sagenhaft gewordene Schmuck der Generalin von Conring einen Wert annahm, der in die Hunderttausende ging.

Am 14. Dezember, einem Dienstag, hockten Lecke, Brügmann, Hass und Klingebiel in ihrem Kontor an der Holzbrücke zusammen und brüteten den weiteren Schlachtplan aus. Lecke drängte zur Tat.

»Das ist alles echter Schmuck«, prahlte er, »sie hat zwar Nachbildungen für die Ringe und die Brosche gehabt, doch sind ihr diese vor einem Jahr geklaut worden.« Wenn er die Sachen aber einfach aus der Wohnung mitgehen lassen würde – eine Kleinigkeit für ihn –, wäre der Verdacht zu offensichtlich.

»Ihr müßt uns beide, wenn ich mit der Alten abends auf dem Spazierweg bin, von hinten überfallen und betäuben.«

Und zu Klingebiel gewandt: »Kannst du das Chloroform nun besorgen oder nicht?«

Klingebiel, Hansdampf in allen Gassen, konnte. Am Freitag, dem 17. Dezember, war es soweit.

Sie trafen sich nachmittags im Kontor. Das erste war, daß Lecke den Klingebiel anpumpte. Er brauche Betriebskapital, wenn er am Abend mit der Generalin in »Fleischers Weinstuben« essen solle. Das war nur zu natürlich; doch Klingebiel, selbst ewig im Krampf, mußte passen. Er mußte sich das Geld erst von der Wegemann borgen, als Vorschuß gewissermaßen. »Heute abend geht die Sache über die Bühne«, prophezeite er, als er bei ihr eintraf und die Adam und den Krause antraf. »Ich komme noch mal vorbei und hole das Chloroform ab, und inzwischen könnt ihr den 'Berliner Adolf' benachrichtigen.«

Brügmann sollte die Funktion eines Kontaktmanns im Biebercafé übernehmen, von wo aus eine Verbindung zu »Fleischers Weinstuben« bestand. Er sollte dem Lecke noch während des Essens unter einem Vorwand den Rest des für die Zeche benötigten Geldes geben. Die übrigen Mitglieder, so war abgemacht, sollten gegenüber im »Reichshof« warten und auf ein Zeichen des Hass lauern, der den Posten auf der Straße übernommen und Nachricht zu geben hatte, wenn Lecke mit der Generalin die Weinstube wieder verließ.

Lecke hatte zugesagt, etwa gegen 9 Uhr abends das Lokal zu betreten und sich mit dem Opfer nach zwei Stunden auf den Heimweg zu begeben. Seine Aufgabe war, die alte Dame zu überreden, den Weg bis zur Carlstraße zu Fuß zu machen. »Das kriege ich schon hin . . .«, hatte Lecke versichert.

Krause und Brügmanns Auftrag war, den gleichen Weg etwa hundert Meter vor dem Pärchen zu gehen, während Klingebiel und der »Berliner Adolf« im gleichen Abstand hinterdrein schlendern sollten. Alles war generalstabsmäßig geplant: Hass war für die Seitendeckung verantwortlich. Was sollte da schon schiefgehen?

»Wenn wir hinten pfeifen«, schärfte der »Berliner Adolf« ein, »dann geht's los! Dann müßt ihr vorn stehenbleiben und absichern!«

Das war der Plan. Als freilich Klingebiel am Nachmittag bei der Wegemann in der Fuhlentwiete erschien und das Chloroform holen wollte, bestand sie darauf, sich dem Hass anzuschließen und sich »die Sache mal anzusehen«. Frauen sind eben neugierig. Sie ging an ihren Nachttisch, holte aus dem unteren Fach eine Flasche Chloroform heraus und füllte davon in zwei 50-ccm-Flaschen ab. Das einzige, was noch fehlte, waren die Tücher. Aber auch dafür wußte sie Rat: Schnell entschlossen zerriß sie ein Kopfkissen und verwandelte es in prächtige Lappen.

Eine Flasche »Stoff« behielt Klingebiel, die andere gab er Adolf Templin. »Du darfst der Frau das Tuch nur vor Mund und Nase halten«, erläuterte er.

»Na klar! Dann fasse ich die Alte mit dem linken Arm um das Kinn und halte mit der Rechten das Tuch vor Mund und Nase.«

Es ging alles wie verabredet. Eine Stunde vor Mitternacht verließen die Attentäter, ganz in Erwartung des Kommenden, ihre Wartestellung im »Reichshof« und traten auf die Straße. Völlig außer Atem kam kurz danach noch der »Berliner Adolf« angehetzt. Sie waren komplett. Weil aber offenbar immer noch zu wenig an der Sache beteiligt waren, sorgte das Schicksal im letzten Augenblick dafür, daß noch jemand die Bühne des makabren Geschehens betrat.

Sie standen am Bieberhaus, gleich an der Ecke Ernst-Merck-Straße, als von der anderen Straßenseite ein junger Mann auf sie zugeschlendert kam.

»Was macht ihr denn hier?«

Klingebiel kannte ihn. Es war Klapproth, auch so eine dunkle Existenz. Sie gaben keine Antwort.

»Ihr habt doch was vor, wie ich euch kenne!«

In diesem Augenblick mochte dem Klingebiel, der nie so mit ganzem Herzen dabei gewesen war, ein Gedanke gekommen sein.

»Wir wollen eine Alte vermachen«, klärte er ihn auf. »Da sind dreihunderttausend drin. Und für jeden von uns springen dreißigtausend 'raus.«

Klapproth war Feuer und Flamme. Klar, den Part von Klingebiel würde er schon übernehmen. So wurde Klingebiel Statist . . .

Brügmann schimpfte. »Noch 'n Mann mehr! Da bleibt für uns bald nichts mehr übrig!«

Es war genau 11.30 Uhr, als Lecke mit der Generalin eingehakt die Weinstube von Fleischer verließ. Nach kurzem Zögern gingen sie in Richtung zur Alster hinunter. Die Beobachter verteilten sich programmgemäß. Unterwegs fiel dem »Berliner Adolf« die Frage ein, ob denn nicht wenigstens einer einen »Knacker« bei sich habe, denn »immerhin, wenn uns einer entgegentritt, den würde ich glatt niederknallen . . .«

Sie waren schon in der Höhe der Gurlittstraße, als Klingebiel bemerkte, daß – zum Teufel auch – außer der

Wegemann nun auch noch die Adam mitgekommen war. Das Schauspiel konnte beginnen ...

Vereinzelt kamen ihnen einige Passanten entgegen, doch je weiter sie sich der Uhlenhorst näherten, desto weniger wurden es. Die Nacht war still und weit, die Luft klar. Schließlich kein Mensch außer der Bande weit und breit.

Klingebiel drehte sich noch einmal um, vergewisserte sich.

»Es ist gut«, flüsterte er, »los!«

Der »Berliner Adolf« und Klapproth verhielten, gossen das Chloroform auf die Tücher und rannten los. Entgegen allen Vereinbarungen – er meinte später, er sei wohl zu aufgeregt oder von dem Zeug zu benommen gewesen – pfiff Klingebiel nicht. Er sah auch, wie Templin der Frau das Tuch mit der rechten Hand von hinten vors Gesicht hielt und ihr gleichzeitig sein Knie in die Kniekehlen drückte und sie zu Boden riß. Er hörte noch, wie die Generalin laut kreischte und sich zu wehren suchte.

»Mensch, Klingebiel, komm doch her!« schrie Adolf, der der am Boden Liegenden inzwischen die braunen Stoffhandschuhe abgezogen hatte. »Mach ihr links den Ring ab!« Klingebiel war kaum damit fertig – es ging ganz schnell –, als auch Templin ihm schon den Ring mit der schwarzen Perle zeigte, dazu die Ohrringe, die er ihr brutal abgerissen hatte.

Klapproth, Tatgenosse in letzter Minute, hatte die Handtasche unter dem Arm, nachdem er Lecke ganz sanft »betäubt« hatte.

Plötzlich waren irgendwo Schritte, tauchte in der Entfernung ein Mann mit einem Spazierstock auf. Sie ließen die beiden Überfallenen auf dem Promenadenweg liegen, stoben wie auf ein Kommando auseinander. An der Mundsburger Brücke trafen sie wieder zusammen. In aller Eile gab ihnen die Adam fünfzig Mark, so daß sie (Klingebiel, Adolf und Klapproth) mit einem Taxi in die Stadt flüchten konnten. Am Jungfernstieg stigen sie aus.

Aber noch waren sie nicht an der Taxe, als Klapproth fragte: »Sag mal, Adolf, hast du das Tuch weggeworfen?«

Templin funkelte ihn wütend an: »Mensch, mach mich nicht verrückt. Ich habe es ihr in den Mund gestopft; sie hat doch so geschrien und gebissen. Was sollte ich denn machen?«

»Das hättest du nicht tun sollen! Und wenn sie hin ist?«

»Na, dann ist es auch egal. Wir können ja nicht noch mal zurücklaufen und es holen . . .«

Um ein Uhr nachts trafen sie sich – ohne Brügmann – in der kleinen Wohnung der Wegemann in der Fuhlentwiete. Die Stimmung war gedrückt. Irgend jemand sagte – die Uhr hatte gerade halb zwei geschlagen –:

»Kinder, ich glaube, die alte Exzellenz ist tot . . .«

Betretenes Schweigen, das schrill von der Wegemann unterbrochen wurde: »Ihr seid ja verrückt . . .«

Das Ergebnis des Raubzuges war mager: nur ein Ring, der mit der weißen Perle, war echt, dazu die Brillanten mit den Ohrringen.

»Ne schöne Pleite mit euch . . .«, brummte Adolf. Und nach einer Pause: »Nun habt ihr wohl alle Angst vor mir, weil ich ein Mörder bin, was?«

Der Schmuck blieb bei der Wegemann in der Wohnung. Der Inhalt der Handtasche – ein paar Visitenkarten, einige Papiere, etwas Geld – wurde bis auf das Geld zerrissen, die Tasche zerschnitten. Den Bügel der Tasche warf Klingebiel in das Fleet an der Stadthausbrücke.

In den Morgenzeitungen konnten sie es lesen: Die Generalin war tot. Die Stimmung der Bande sank auf den Nullpunkt. Nichts blieb mehr von der Tat als die nackte Angst . . .

Klingebiel traf die Wegemann am Nachmittag, hörte, daß sie den Schmuck erfolglos in verschiedenen Geschäften und bei »Bekannten« im Alster-Pavillon angeboten hatte. Ein Juwelier am Neuen Wall hatte gefragt: »Na, die Sachen sind doch wohl nicht von dem Raub heute nacht?« Und: Sie möge am Abend noch einmal vorbeikommen, dann wäre jemand da, der den Wert besser einschätzen könne . . .

»Genau«, erwiderte Adolf, der ebenfalls zugegen war, »und dann ist die Schmiere da und kassiert dich! Du bist wohl ganz und gar meschugge, was?«

Auf die Weiber war eben kein Verlaß. So versuchten Klingebiel und Adolf am nächsten Vormittag die Sachen abzusetzen. Vergebens. Nachmittags erschien Templin mit der Nachricht, daß er den Ring mit der weißen Perle bei einem Juwelier in der Fruchtallee für 8 000 Mark verkauft habe. Das Geld solle er noch bekommen. »Abends um sieben bin ich wieder zurück . . .«

Wer nicht kam, war Adolf. Er blieb verschwunden . . .

Den wertlosen Ring mit der schwarzen Perle warf Klingebiel an der Ecke Winterhuder Weg und Hamburger Straße in einen Kellerrost, nachdem er vorher die unechte Perle und die Steine herausgebrochen hatte.

Einer nach dem anderen wurden sie verhaftet, gegenübergestellt, wieder vernommen. Brügmann konnte in Kopenhagen, Lecke erst nach einigen Monaten in Göteborg festgenommen werden.

Gegen die zehn Angeklagten wurde am 20. Dezember 1922 unter großer Anteilnahme der Bevölkerung verhandelt. Nach zweitägiger Dauer verkündete der Vorsitzende, Landgerichtsdirektor Dr. Schrader, fünf Zuchthaus- und vier Gefängnisurteile. Der »Berliner Adolf« verschwand für zehn Jahre hinter Gittern, Lecke kam mit acht Jahren Zuchthaus davon. Fast alle verbüßten sie ihre Strafen voll, einigen wenigen wurde später der Rest der Zuchthausstrafe in Gefängnis umgewandelt.

Nichts war geblieben von dem »großen Plan«. Wie eine Seifenblase war der Traum von den 300 000 Mark geplatzt. Das perfekte Verbrechen fand nicht statt ...

WIE MAN AUF HOHER SEE SPURLOS VERSCHWINDET, UND: — EIN ECHTES SEERÄUBERSTÜCK

Thomas Samuel Berry, Schiffer und Hafenlotse in Hull an der englischen Ostküste, stand am Mittwoch, dem 25. Mai 1921, neben seinem Kompagnon Albert William Gillis an der Corporation Pier und blickte über die auflaufende, grünliche Flut des Humber in Richtung See. Die Uhr ging auf sechs. Mit wachen Augen verfolgte er einen kleinen, zweimastigen Lastenkutter, der sich mühsam gegen die Strömung und den böigen Westwind heraufquälte. Berry sah, wie der Schiffer, auf der Höhe des Alten Hafens angelangt, die Segel fallen ließ. Kurz darauf rasselte der Anker auf Grund. Das Schiff schwoite etwas herum und blieb mitten im Strom liegen.

»Der ist verrückt! Ankert im Strom!« rief Berry. Gillis begriff. Sie gingen zu ihrer am Pier liegenden Jolle, sprangen hinein und täuten sie los. Die Riemen klatschten ins Wasser.

Als sie von achtern an den Kutter heranpullten, las Berry am Heck in dicken schwarzen Buchstaben den Namen *Anne*. Wenn er sich auch wunderte, daß die Bezeichnung des Heimathafens mit roter Farbe überpinselt worden war, so war er doch zu sehr beschäftigt, diesem Umstand besondere Aufmerksamkeit zu schenken. Er achtete nur auf den kleinen drahtigen Mann im blauen Sweater mit der Schiffermütze, der sie hinter dem niedrigen Bord erwartete. Der Fremde fing die Leine auf, die Gillis ihm zuwarf.

Ob er Hilfe brauche, schrie Berry.

»Ja«, antwortete der Schiffer. »Ich weiß nicht, wohin hier und was ich tun soll. Wäre froh, wenn Sie mir helfen würden ...« Sein Englisch kam sehr holprig.

Berry jumpte an Deck. Als erstes fiel ihm auf, daß es so merkwürdig leer war. Kein zweiter Mann, kein Hund, kein Rauch aus dem dünnen Schornstein des kleinen Kajüthäuschens. Er schätzte das Schiff auf 100 Ladetons – zu groß schon, um von einem Mann allein regiert werden zu können.

Er brauchte ein wenig Zeit, um hinter die verworrene Geschichte des radebrechenden Unbekannten zu kommen.

Er sei von Hamburg, hatte der Schiffer begonnen. Und als er von dort abgesegelt sei, hätten sich noch zwei andere Männer an Bord befunden. Von diesen beiden habe er das Schiff gekauft. Unterwegs seien die zwei auf der Nordsee in einen vorbeikommenden Fischkutter umgestiegen, und so sei er allein weitergesegelt. Der Kompaß habe versagt, zwei oder auch drei Tage habe er hilflos auf dem Wasser gekreuzt. Schließlich aber sei er auf englische Fischerboote gestoßen, die westwärts steuerten. Das habe er ebenfalls getan.« Und nun bin ich hier.«

Ja, nun war er in Hull.

Sie setzten sich zu dritt in die kleine Kajüte. Berry bedeutete dem völlig erschöpften Deutschen, daß er warten müsse, bis der Zoll und die Einwanderungsbeamten kämen. Interessiert sah er sich um. Ein feines Schiff. Nicht eben neu, aber bestens in Schuß und gut unter Farbe; Tauwerk und Segel in Ordnung. Ein prima Boot.

Der Fremde entschuldigte sich. Leider könne er nichts anbieten, er habe nicht einmal mehr Wasser an Bord. Aber nun habe er das Schwerste hinter sich, könne jetzt den Segler gut verkaufen. Er habe in Deutschland einen Partner gehabt, der ihn betrogen habe. Deshalb sei er mit dem letzten Rest seines Vermögens nach England gekommen. Ob Berry ihm wohl helfen würde? Er bot ihm fünfzehn Prozent des Erlöses an.

Nun ja, er wolle sehen, erwiderte der Lotse. Aber man müsse einen Makler hinzuziehen, die honorige Firma Bartley & Co. zum Beispiel.

Die *Anne* lag um 7 Uhr abends immer noch mitten im Strom gegenüber dem Alten Hafen vor Anker, als der »Erste Küstendienstbeamte für Seiner Majestät Zölle und Akzise«, Charles Henry Watson, mit dem Zollboot längsseits ging. Watson ließ sich von Berry und Gillis kurz berichten.

Watson hörte sich die Geschichte an, verlangte die Papiere zu sehen. Es verstimmte ihn, daß der Deutsche keinen anderen Ausweis besaß als einen abgewetzten Militärpaß.

Der Beamte blätterte unschlüssig in dem Dokument, verglich das Bild mit dem Manne vor ihm, blätterte nochmals.

»Mr. Jaekel, sagen Sie mir bitte, was aus Ihrer Mannschaft geworden ist?«

Und der Mann, der nach dem Militärpaß Jaekel hieß, wiederholte das, was er schon Berry berichtet hatte. Er habe das Schiff dem Eigentümer Hermann Andresen abgekauft, der mit seinem Matrosen Semmelhaak auf See in ein nach Cuxhaven gehendes Motorfischerboot umgestiegen sei.

Watson blieb ungerührt. Nun, dann habe er sicher die notwendigen Papiere über den Schiffskauf?

Der Deutsche zog eilfertig die Schublade einer Kommode auf und kramte einen handgeschriebenen Zettel aus einer Ledermappe hervor. Verwundert und ungläubig warf der Zollbeamte einen Blick auf das Stück Papier, das nichts anderes als ein handbeschriebener Bogen von einem Schreibblock war.

»Wenn Sie mir das übersetzen wollen«, forderte er. »Ich kann nicht so viel Deutsch.«

Und Jaekel übersetzte:

Wittdün, Amrum, den 18. 5. 1921

»Hierdurch erkläre ich, daß mit dem heutigen Tage mein Besanewer *Anne,* Unterscheidungssignal L. G. H. M., in den unbeschränkten Besitz des Herrn Ingenieur K. Jaekel übergegangen ist, mit allem an Bord befindlichen Inventar und der aus Alteisen und Kupfer bestehenden Ladung, die ich dem früheren Besitzer sofort in Hamburg bezahlen werde. Alle Forderungen, Lasten und Hypotheken werde ich sofort tilgen, so daß Herr Jaekel mit dem heutigen Tage ein absolut freies Verfügungsrecht über Schiff und Ladung erhält.

Als Gegenleistung habe ich die Summe von 120 000 Mark (einhundertzwanzigtausend Mark) erhalten, wobei ich die gesetzlichen Abgaben, Umsatzsteuer usw. und Überschreibung auf den neuen Namen und Tilgung aller fremden Forderungen allerschnellstens auf meine Kosten erledigen werde.

Hermann Andresen

Als Zeuge: Hinrich Semmelhaak

Einverstanden: Kurt Jaekel«

Zollinspektor Watson nahm das Papier in die Hand, drehte es hin und her:

»Ein seltsames Dokument. Und das ist alles?«

»Das ist alles, Sir«, erwiderte Jaekel.

Watson erhob sich und wies Berry und Gillis an, das Schiff aus dem Strom zu nehmen und an einen Kaiplatz zu legen. Jaekel befahl er, nicht von Bord zu gehen und den Hafen nicht ohne behördliche Genehmigung zu verlassen.

Die Sache gefiel ihm nicht. Unter dem Vorwand, nach Schmuggelware zu forschen, ließ er seine Mannschaft kommen und das Schiff von oben bis unten durchsuchen. Das Ergebnis war gleich Null.

Warum, so fragte sich Watson, war der Name des Heimathafens mit Mennige überpinselt worden? Wieso befand sich nur ein einziger Mann an Bord? Was war das für ein merkwürdiger Vertrag? Was mochte der Mann zu verbergen haben, der gemeint hatte, er habe als Schiffsbauingenieur Versuche darüber anstellen wollen, wie man ein solches Schiff mit möglichst geringer Besatzung segeln könne? Und nun wollte er das Schiff verkaufen?

Watson kehrte an Land zurück; die beiden Lotsen und Jaekel legten das Schiff an den Kai im Alten Hafen. Berry lenkte das Gespräch wieder auf den Verkauf. Sie wurden sich einig, daß Gillis zur Firma Bartley & Co., Market Place 57, gehen solle. Vielleicht sei Mr. Preutz noch in seinem Büro.

Hugo Findley Preutz, Direktor der Maklerfirma Bartley & Co., kletterte eine halbe Stunde später über die Laufplanke an Bord der *Anne*. Noch Jahre später erinnerte er sich: Es war am 21. Mai 1921, so gegen 9 Uhr abends, als er an Bord der Ketch den Schiffer Jaekel, dazu Berry, Gillis und einen Zollbeamten angetroffen hatte. Jaekel hatte ihn gebeten, um den Verkauf des Schiffes besorgt zu sein, denn er wolle nach Amerika ausreisen.

Am nächsten Morgen war er zwischen 8.30 und 8.45 Uhr wieder auf dem Fahrzeug erschienen. Schon auf dem Wege dorthin hatte er Berry und Gillis getroffen, die ihm zu seiner Verwunderung berichteten, sie hätten das Schiff inzwischen selbst gekauft und eine entsprechende Vereinbarung unterschrieben.

Natürlich hatte er Jaekel deswegen zur Rede gestellt, hatte ihm klargemacht, daß das so formlos und einfach nicht ginge. Zunächst einmal, so hatte er ihm bedeutet, müsse er sein Eigentumsrecht beweisen. Und wieder hatte ihm Jaekel den handgeschriebenen Kaufvertrag vorgelegt. So habe er, Hugo Findley Preutz, dem Mann auch gesagt, daß ihm die Sache sehr merkwürdig vorkomme und den Brief an die Deutsche Botschaft geschrieben.

Der Botschaftsangestellte Wiehl von der Konsular- und Paßabteilung der Deutschen Botschaft in London am Badford Place 21 a erhielt den Eilbrief von Bartley & Co. noch am Donnerstag, dem 26. Mai.

Es handele sich um die Ketch *Anne,* Heimathafen Hamburg, Unterscheidungssignal L. G. H. M., gebaut 1898 von F. Jacobs in Moorrege, las er, und etwas sei dunkel in der Angelegenheit. Ein gewisser Kurt Faekel* bemühe sich in Hull um den Verkauf dieses Schiffes einschließlich seiner Ladung, könne aber lediglich das Schiffsregister (Meßbrief 106, Form A) vorweisen, in dem als Eigentümer ein Hermann Andresen eingetragen sei.

* Im Brief irrtümlich so geschrieben.

»Was wir jedoch wissen müssen«, hatte Preutz geschrieben, »ist die Frage des gegenwärtigen Besitzers. Herr Faekel hat uns erklärt, daß er nach Amerika reisen möchte, sobald er den Kaufbetrag in Händen habe ...«

Wiehl gab noch am Abend des 26. Mai ein Telegramm auf:

»Seeamt Hamburg – Kutter *Anne* Heimathafen Hamburg Unterscheidungssignal L. G. H. M. wird in Hull von angeblichem Kurt Faekel aus Berlin Kurfürstenstraße zum Verkauf angeboten. Erbitten Drahtnachricht ob Faekel verkaufsberechtigt.«

Außerdem nahm er den Brief der Firma Bartley & Co. aus Hull, fügte ein kurzes Begleitschreiben hinzu und sandte beides dem Telegramm an das Seeamt Hamburg nach.

Als er am 3. Juni morgens in sein Büro kam, fand er die Antwort vor: »Deutsche Botschaft London – Kurt Faekel Verkauf Kutters *Anne* nicht berechtigt. Besatzung verschwunden. Vermutlich liegt Verbrechen vor. Brief folgt. – Seeamt Hamburg.«

Die erste Panne in dieser Affäre war, daß das Telegramm seinen Empfänger nie erreicht hatte. Die zweite war die, daß der Name des Jaekel irrtümlich mit Faekel angegeben worden war. Verzögerungen waren die Folge.

Indes, der Seeamtssekretär Fritsche hatte in Hamburg schnell herausgefunden, daß die Anne von der Schiffsmaklerfirma Carsten Rehder betreut wurde, die noch heute in der Großen Elbstraße 48 ihr Domizil hat. Doch alles, was die Maklerfirma vorerst sagen konnte, war, daß die *Anne* unter Kapitän und Reeder Hermann Andresen aus Husum am 18. Mai die Reede von Wittdün auf Amrum mit etwa 10 tons Ladung verlassen hatte und »bis dato hier nicht eingetroffen war.«

Der Brief der Firma schloß mit der Feststellung:

»Es ist als höchst unwahrscheinlich anzusehen, daß das Schiff auf der Reise mit Besatzung untergegangen ist. Die Besatzung bestand außer dem Fischer Andresen noch aus dem Bestmann Hinrich Semmelhaak aus Siethwende bei Uetersen.« Und Carsten Rehder hatte unter dieses Schreiben den handschriftlichen Vermerk gesetzt: »Es soll sich auch ein Passagier an Bord befunden haben . . .«

Es war Hinrich Kölln, sein Geschäftsführer, gewesen, der ihn diesen Satz noch hatte hinzufügen lassen. Hinrich Kölln hatte sich daran erinnert, daß am 27. April im Kontor ein schmächtiger blonder Mann mit einem Schnurrbart erschienen war, der sich nach einer Mitfahrmöglichkeit auf einem Küstensegler erkundigt hatte. Er wolle gut dafür bezahlen, hatte der Unbekannte erklärt, denn er wolle seine Segelkenntnisse vervollständigen. Da er, Kölln, aber weder Zeit noch Lust dazu gehabt habe, sich darum zu kümmern, habe er abgelehnt. Vielleicht versuche er es einmal bei Goltermann. Ob der Fremde das getan habe, wisse er nicht. Sicher sei aber, daß etwa zwei Stunden später Kapitän Andresen ins Kontor gekommen sei, den er von Husum und Pellworm her kenne; sie seien Landsleute. Und Andresen habe ihm berichtet, er bekäme diesmal einen Passagier an Bord, einen Ingenieur, der das Segeln lernen wolle. Ein komischer Kauz sei das zwar, aber das Geld könne er ja mitnehmen: 100 Mark pro Tag . . .

Landrichter Dr. Bacmeister, als Untersuchungsrichter inzwischen mit dem Fall beschäftigt, hatte inzwischen schon einiges mehr in Erfahrung bringen können. Der Fremde war auch bei Möller & Co. am Fährkanal erschienen, um auf dem Segler *Katharina* eine Reise mitzumachen. Da aber Thede, der Schiffer, noch keine Ladung hatte, zerschlug sich das Projekt. Auch bei Goltermann hatte er es versucht und bei Käpten Peter Elvers aus Basbeck, der die *Johanne* führte.

Am Morgen des 6. Juni erhielt der Untersuchungsrichter ein Telegramm: »Bin mittags da. Frau Andresen.«

Anne Andresen geborene Ahlers stammte aus Hödien bei Wesselburen. Sie war dreißig Jahre alt und eine schlanke, gutaussehende Frau. Seit vier Jahren war sie mit Hermann Andresen verheiratet, der während des Ersten Weltkrieges Matrose bei einer Torpedobootsflottille gewesen war. Ihre Tochter Grete war drei Jahre alt und Stolz des Vaters, der Liebling der Mutter.

Er könne leider noch nichts Näheres sagen, begann Bacmeister das Gespräch. Wann sie ihren Mann denn zuletzt gesehen habe?

Das sei zu Pfingsten gewesen. »Mein Mann hatte Ende April eine Ladung Steinkohlen und Briketts nach Sylt. In Munckmarsch haben sie die Ladung gelöscht, und dann ging er mit dem Schiff nach Wittdün auf Amrum.« Er sei dann unverhofft am Freitag vor Pfingsten mit dem Motorboot eines Bekannten nach Hause gekommen. Ja, er habe auch von seinem Fahrgast berichtet, einem etwas spillrigen, merkwürdigen Mann, der Segelstudien habe treiben wollen.

»Mein Mann sagte noch, daß er etwas ärgerlich auf ihn sei, weil er ihm noch dreihundert Mark geborgt hatte, denn der Passagier hatte auf Sylt sechstausend Mark in den Dünen verloren.«

Sie habe übrigens in Erinnerung, daß der Mann aus Berlin sei. Gleich nach Pfingsten, früh um 4 Uhr, habe ihr

Mann den Zug nach Dagebüll genommen, weil er den Morgendampfer nach Wittdün haben mußte. Sie wollten noch am gleichen Tage in See gehen und am 18. Mai in Hamburg sein. Sie habe jedoch gegen alle Gewohnheit keine Post bekommen und sich natürlich Sorgen gemacht. So habe sie an den Hafenmeister von Wittdün telegrafiert, aber lediglich die Antwort erhalten: »Schiff *Anne* am 18. Mai morgens nach Hamburg abgesegelt.« Und der Schiffer Sievers habe ihren Mann und den Passagier auch gesehen.

»Und sonst haben sie von Ihrem Mann nichts mehr gehört? Keine Post oder sonst eine Nachricht?«

Anne Andresen griff in ihre Handtasche und holte einen Umschlag hervor. »Das ist der letzte Brief, den er uns schrieb . . .«

Dr. Bacmeister las:

Munckmarsch, den 8. Mai 21

Meine liebe süße Anne und Gretchen!

Meine Karte wirst Du wohl inzwischen erhalten haben, mein Lieb. Wir sind ja auch bald wieder zusammen. Ich werde hoffentlich Donnerstag leer und segle vor Pfingsten noch nach Amrum. Soll dort nämlich eine kleine Partie Eisen nach Hamburg mitnehmen. Es gibt nur 600 Mark dafür. Es ist aber doch mitzunehmen. Mit dem Schiff war ich sehr zufrieden. Es segelte vorzüglich. Es machte Spaß, damit auf See zu sein. Bin gerade so zufrieden wie mit Anne *Nr. 1. Auch habe ich einen Passagier mit, einen Schiffsbauingenieur vom Reichsmarineamt. Man muß alles mitnehmen. Ich habe doch dabei die Kost für mich und den Jungen frei. Hier beneiden sie mich alle um das Schiff. Sie möchten ja auch gern, daß ich mal was kaputtfahre.*

Für Deinen Brief und die Karte noch herzlichen Dank, mein Lieb. Man freut sich doch, wenn man ein paar Worte von seinen Lieben erhält. Wie geht es Euch beiden? Hoffentlich recht gut. Ich freue mich schon auf das Wiedersehen. Du bist dann wohl mit dem Reinemachen fertig, wenn ich komme, nicht wahr, liebe Anne? Sonst ist es nämlich so ungemütlich. Na, nichts für ungut!

Auf baldiges Wiedersehen grüßt und küßt Dich

Dein Hermann.

Als der Untersuchungsrichter diesen Brief aus der Hand legte, war ihm eines völlig klar: So schrieb niemand, der seine Familie verlassen, der sein Schiff verkaufen wollte.

Wo aber waren Andresen und Semmelhaak geblieben? Der einzige Zeuge, der darüber Auskunft geben konnte, saß zu diesem Zeitpunkt noch als freier Mann an Bord der *Anne* in Hull.

Bacmeister entschloß sich, Haftbefehl zu erlassen.

Bis der Haftbefehl am 7. Juni in Hull eintraf, hatte der Immigration Officer vergeblich versucht, aus dem Mann, der sich Jaekel oder Faekel nannte, die Wahrheit herauszuholen. Auch Kriminalinspektor Cleveland hatte seine Mühe mit ihm. Trotz aller Anstrengungen kam er kein Stück voran.

Den Haftbefehl in der Tasche, durchsuchte der Inspektor das Schiff noch einmal gründlich. So sehr der Kriminalist sich aber auch mühte, er konnte auf der *Anne* nicht die Spur eines Verbrechens entdecken. Getrocknete Blutspuren erwiesen sich als simple Rostflecken. Aber Cleveland sicherte doch einiges an Bord, was seinen Verdacht bestärkte, der Eigentümer des Schiffes und sein Bestmann müßten einem Verbrechen zum Opfer gefallen sein. Er fand Andresens Reisetasche, die Pässe des Kapitäns und des Matrosen, eine Browning-Pistole mit vier Schuß Munition, eine Uhr und einen Ring, die vermutlich Andresen gehört hatten.

Jaekel dazu: Man möge ihn nach Deutschland reisen lassen, es würde sich alles aufklären. Nein, er habe niemanden ermordet.

Verdächtig schien dem Inspektor, daß Jaekel nicht in der Lage war, das Motor-Fischerboot näher zu beschreiben oder den Namen oder Kennbuchstaben anzugeben. Immer wieder studierte er den seltsamen Kaufvertrag, betrachtete er den übermalten Namen des Heimathafens Hamburg am Heck.

Immerhin: Es gab keine Leichen, nicht einmal die geringste Spur davon. Und das war der Punkt, der den Kopf des Mannes retten sollte, dessen Auslieferung nach Deutschland nur noch eine Frage der Zeit war. Das war auch der Punkt, auf dem Sir Charles Biron, Erster Ratsherr am Polizeigericht in London, bestehen mußte: Auslieferung nach Deutschland nur wegen Seeraubes, Betrugs oder Diebstahls. Er beaufragte Inspektor Draper von New Scotland Yard mit den weiteren Ermittlungen.

Draper übernahm seinen Häftling am 1. Juli um 4 Uhr nachmittags im Stadtgefängnis von Hull.

Er habe einen Haftbefehl gegen ihn und den Auftrag, ihn nach London zu bringen, stellte sich Draper vor.

Jaekel protestierte. Er habe Andresen und Semmelhaak nicht ermordet. Aber immerhin, er sei froh, nach Hamburg zu kommen. Dort werde er seine Unschuld beweisen.

»Hoffentlich«, erwiderte Draper stoisch.

In Doncaster mußten sie umsteigen. Jaekel begann gesprächiger zu werden. Er müsse ihn darauf hinweisen, unterbrach ihn Draper, daß alles, was er sage, gegen ihn als Beweismittel verwendet werden könne.

Jaekel lächelte. Er sei nur an der Wahrheit interessiert. Seine größte Sorge sei nur, daß das Duplikat des Kaufvertrages verschwinden könne. Auch müsse er der Frau Andresen Uhr und Ring ihres Mannes zurückgeben, auch den Hut und das Notizbuch. Vielleicht habe sie inzwischen über ihren Mann etwas erfahren ...

Am 25. August 1921 gab der Londoner Schriftsachverständige G. F. Gurrin sein Gutachten über den Kaufvertrag ab: »Die Unterschriften von Andresen und Semmelhaak sind Fälschungen.«

Damit hatte G. F. Gurrin das Ergebnis des Gutachtens bereits vorweggenommen, das seine Kollegin Minna Becker aus Hamburg im Laufe des Prozesses ebenfalls abgeben sollte: »Die Unterschriften sind von Jaekel gefälscht worden.«

Inspektor Julius Rehmann wunderte sich nicht, daß man ihm, als er Jaekel aus London abholen sollte, 10 000 Mark Vorschuß auf die Reise mitgab – kostete doch ein Pfund Butter damals 200 Mark. Er konnte sich dafür gerade eine Fahrkarte Osnabrück–Vlissingen–London kaufen und die Spesen bestreiten.

Rehmann war 52 Jahre alt und vor kurzem vom Obersekretär zum Inspektor befördert worden. Er, der von der Pike auf gedient hatte, wohnte mitten im »Milieu« auf St. Pauli am Spielbudenplatz 18, genau an der Reeperbahn.

Am Mittwoch, dem 5. Oktober, traf er in London ein. Inspektor Draper übergab ihm die Begleitpapiere, einen Seesack und ein Paket. Der Gefangene selbst kam am nächsten Tag morgen an Bord der *Desdemona* der Kirsten-Linie und bezog, bis zum Ablegen des Schiffes von zwei kräftigen Bobbies bewacht, eine gesicherte Kabine.

Mit der Segelei sei es nicht so schlimm gewesen, meinte Jackel, als sie sich über die Sache unterhielten. Er habe tagsüber das Steuerruder festgebunden, die Segel in Windrichtung gestellt und sich auf Deck schlafen gelegt. Des Nachts sei er natürlich Wache gegangen. Eigentlich habe er nicht nach England, sondern nach Emden wollen. Von Andresen und Semmelhaak würde man vorerst wohl noch nichts hören, die seien sicher mit einem Segelschiff nach Amerika gegangen, und so eine Reise an die Westküste über Kap Horn dauere mindestens sechs Monate. Aber er sei ohne Sorge, es werde sich schon unter den Motorfischern herausstellen, wer die beiden nach Cuxhaven gebracht habe ...

Am 8. Oktober, fast ein halbes Jahr nach seiner Abreise mit der *Anne,* ging Jaekel in Hamburg wieder an Land. Diesmal in Ketten.

Wer war dieser Mann, der verdächtig war, auf hoher See Kapitän und Hilfsmann des Lastenkutters umgebracht und sich auf verbrecherische Weise in den Besitz des Schiffes gesetzt zu haben?

Kurt Jaekel wurde im Jahre 1880 als Sohn eines angesehenen Baumeisters in Neusalz an der Oder geboren. Die Mutter starb bei seiner Geburt, doch verstand er sich mit seiner Stiefmutter, die sein Vater heiratete, als er 6 Jahre alt war, sehr gut. Er machte in Breslau das Abitur und studierte anschließend, mit einem ausreichenden Monatswechsel seines Vaters wohlversehen, an der Technischen Hochschule in Berlin-Charlottenburg Architektur, Schiffsbau und Motorenbau.

Kurt Jaekel galt als hoffnungsvolle Begabung, doch beim Hauptexamen zeigten sich die ersten Schwierigkeiten. Nach zwei vergeblichen Versuchen, die Prüfung abzulegen, gab er es auf. Und hier zeigte sich schon, was ihm im späteren Leben immer wieder anhing: sein Unvermögen, ernste Schwierigkeiten zu überwinden. Freunde berichteten, daß er mitunter vor den lächerlichsten Kleinigkeiten kapitulierte. So war auch sein komplizierter Charakter einer der Gründe, daß er oft eine komische Figur abgab. Andererseits konnte er mit einem an Fanatismus grenzenden Eifer bis zur physischen Erschöpfung arbeiten; immer war er mit hochfliegenden Plänen beschäftigt, zum Teil technischer, zum Teil weltverbessernder Art. Für viele, die ihm begegneten, blieb er ein Rätsel.

Der Vater sperrte ihm, der sein Studium aufgegeben hatte, die weiteren Mittel. Jaekel hielt sich, so gut es ging, über Wasser und machte sich 1907 selbständig: Er gründete in Grünau bei Berlin eine kleine Bootswerft. Das junge Unternehmen florierte. Als sogar im Jahre 1910 ein von ihm konstruiertes Boot die damals begehrteste Seglertrophäe, den vom Kaiser gestifteten »Samoa-Preis« gewann, schien er ein gemachter Mann zu sein. Kaum konnte er die Arbeit bewältigen. Aber er war ein schlechter Kaufmann, er arbeitete zu billig, kalkulierte zu ungenau. Der Zusammenbruch der Firma war unausbleiblich.

Zu Beginn des Ersten Weltkrieges wurde er Soldat. Wegen eines Augenleidens mußte er wieder ausscheiden, arbeitete er in der Rüstungsindustrie. Nach Kriegsende trieb es ihn an die See, nach Norddeutschland. Er hatte einen Plan entworfen, entlassene Soldaten in großen, gemeinnützigen Fischereigenossenschaften zu beschäftigen. Aber die Zeit war nicht reif dafür. Schließlich erhielt er von einer Cuxhavener Maschinenfabrik den Auftrag, einen Dieselmotor für Fischereifahrzeuge zu entwickeln. Er erhielt einen Vorschuß von 5 000 Mark; sein Vater – sie hatten sich wieder ausgesöhnt – gab einen weiteren Zuschuß. Aber bald war das Geld verbraucht, das Projekt dagegen noch längst nicht ausgereift. Er stand wieder vor dem Nichts. Mitunter schloß er sich zwei Tage im Zimmer seiner billigen Pension ein, ohne Essen, ohne Heizung und – ohne Hoffnung. Von einem ehemaligen Leutnant zur See erhielt er eine goldene Uhr, die er gefälligkeitshalber versetzen sollte. Er betrog ihn darum und wurde flüchtig.

Das war die Situation, als er Mitte April 1921 bei dem Logiswirt Berndt in der Reimarusstraße in Hamburg-St. Pauli auftauchte. Für den ersten Tag bezahlte er das Quartier im voraus, die weiteren Tage blieb er schuldig. Auf der Suche nach neuen Verdienstmöglichkeiten streifte er am Hafen umher, in den bevölkerten Gassen zwischen Baumwall und Fischmarkt, an den Kais zwischen Landungsbrücken und Dovenfleet. Und dort – beim Anblick der Fischerboote und Lastkutter – muß der verbrecherische Plan in ihm gereift sein. Zwei Tage, bevor er auf die *Anne* ging, lieh er sich von seiner Wirtsfrau Berndt 100 Mark. Als Sicherheit gab er ihr einen Brillantring. Frau Berndt sah Jaekel nie wieder ...

Er sei, als er im Hafen die kleinen Schiffe liegen gesehen habe – so erklärte er Dr. Bacmeister –, auf den Gedanken geraten, die Zeit der Untätigkeit durch eine Studien- und Erholungsfahrt zu überbrücken. So sei es gekommen, daß er den Andresen angesprochen habe, als dieser gerade am Zollponton anlegte. Und sie seien sich einig geworden. Er habe Andresen auch versprochen, ihn mit fünf Prozent zu beteiligen, wenn er eine glückliche Segelkonstruktion finden würde. So seien sie in aller Frühe am 29. April 1921 von Hamburg abgereist. Er habe lediglich seine Aktentasche, ein Paket mit Wäsche und 130 000 Mark mitgenommen.

»Hundertdreißigtausend?« staunte Bacmeister. »Wo hatten Sie denn das Geld her? Ich denke, Sie waren Pleite?«

Nun, das sei leicht zu erklären. Am Nachmittag des 27. April habe er bei Kaffeehausmusik im Promenadenkaffee an der Ecke Reeperbahn und Glacischaussee gesessen und an seinen Konstruktionen gearbeitet. Das habe ein Amerikaner beobachtet und ihn angesprochen. Der Mann sei sehr interessiert gewesen und habe ihm angeboten, den Entwurf auf der Stelle zu kaufen. Er sei einverstanden gewesen. So sei dann der Amerikaner – er habe nicht so viel Geld bei sich gehabt – am nächsten Tage wiedergekommen und habe ihm 130 000 Mark in bar ausbezahlt. Von diesem Geld habe er 120 000 Mark in die Aktentasche und 10 000 in die Brieftasche gesteckt.

Mit der *Anne* seien sie über Cuxhaven nach Sylt gereist. Leider habe er dort die Brieftasche mit den 10 000 Mark in den Dünen verloren, aber eine Verlustanzeige darüber bei der Polizei erstattet. Das sei auch der Grund gewesen, daß er Andresen um 300 Mark angepumpt habe.

»Aber warum denn?« wollte Bacmeister wissen. »Sie hatten doch noch hundertzwanzigtausend Mark in der Aktentasche?«

»Die war doch an Bord und nicht im Hotel in Munckmarsch, wo wir abends noch ein Bier tranken . . .«

Am Dienstag nach Pfingsten, so fuhr Jaekel fort, hätten sie gegen 10 oder 11 Uhr in Wittdün abgelegt, um nach Hamburg zurückzureisen. Schon vorher, auf der Hinreise, habe er sich mit Andresen über die Lage in der Schiffahrt unterhalten. Und Andresen habe gemeint, es habe alles wenig Sinn, es seien zu viele Schiffe da und zuwenig Ladung. Am liebsten würde er nach Amerika gehen. Das sei auch Semmelhaaks Ansicht gewesen. Und: Am liebsten, so habe Andresen beteuert, würde er sein Schiff verkaufen.

Nun, da sei ihm der Gedanke gekommen, Besitzer des Schiffes zu werden, und nach einigem Hin und Her hätten sie sich auf 120 000 Mark geeinigt. Er habe das Geld, nachdem sie den Vertrag gemacht hätten, in bar aus der Aktentasche bezahlt. Ja, das sei nach der Abreise von Wittdün gewesen, und sie hätten gerechnet, bei dem günstigen Wind gegen Abend in Cuxhaven zu sein. In der Nähe von Helgoland seien sie freilich in eine Flaute gelaufen. Andresen, der es eilig gehabt habe, habe einen vorbeifahrenden Motorfischer angerufen. Ob sie nicht mitfahren könnten nach Cuxhaven? Der Fischer habe zugestimmt, und so seien die beiden in aller Eile übergestiegen. Das sei es gewesen, mehr könne er nicht sagen.

Der Fischer wurde nie gefunden. Das Märchen vom reichen Amerikaner erwies sich als Lüge. Keiner der Kellner des Kaffeehauses konnte sich an Jaekel, den zeichnenden Konstrukteur, erinnern.

Die Verlustanzeige auf Sylt? Sie war in der Tat erfolgt. Doch der Grund war offensichtlich: Jaekel brauchte einen Entlastungsnachweis, falls man ihm die Geschichte mit dem Geld nicht glauben wollte. Aber niemand allerdings hatte überhaupt Geld bei ihm gesehen . . .

Und warum hatte er den Heimathafen des Schiffes übergepinselt? Und das Übersteigen auf offener See?

Der Schiffahrtssachverständige, Kapitän Maletzky, bewies in seinem Gutachten, daß am 18. Mai 1921 ostwärts von Helgoland in der Gegend des Außeneider-Feuerschiffes ein Wind von Stärke 5 aus NNO geweht hatte, zu stark, um das Nahebeieinandergehen von zwei so leicht gebauten Schiffen überhaupt zu gestatten. »Kein Schiffer«, so stellte der erfahrene Seemann in der Hauptverhandlung fest, »würde es ohne augenblickliche Gefahr für Leib und Leben riskieren, ein derart waghalsiges Manöver bei solchem Wetter zu fahren.«

Was aber hatte sich wirklich auf der *Anne* ereignet? Welches Drama hatte sich 290 Seemeilen östlich der Hummbermündung in der Nordsee abgespielt? Jaekel hat es nie gestanden. Niemals tauchte auch nur die geringste Spur der verschollenen Schiffer auf.

Manche glauben, Jaekel habe, da er den Seeleuten körperlich unterlegen war, beide vergiftet. Andere meinen, er habe sie mit seinem Revolver erschossen. Oder hatte er sie in einem günstigen Augenblick einzeln niedergeschlagen und über die Reeling geworfen? Hatte er sie nachts im Schlaf ermordet?

Eine Antwort auf diese Fragen folgte nie. Nur das stand fest: Bei Abfahrt der *Anne* hatten sich drei Männer an Bord befunden. Bei der Ankunft in Hull war Jaekel allein. Allein mit seinem Geheimnis.

Er wurde nicht wegen Mordes, sondern wegen schweren Raubes auf See angeklagt. Und am 15. März 1924, fast drei Jahre nach der Tat und nach ungeheuer sorgfältigen Ermittlungen, fällte die Strafkammer 4 des Landgerichts Hamburg ihr Urteil: 15 Jahre Zuchthaus wegen Seeraubes.

Jaekel verbüßte seine Strafe. Justizsenator Rothenberger, unter dem nationalsozialistischen Regime in dieses Amt gelangt und damals als Hilfsrichter an der Verhandlung beteiligt gewesen, lehnte später jeden Gnadenakt ab.

Der Fall Kurt Jaekel aber ging in die Kriminalgeschichte ein als in seiner Planung und Ausführung einmaliges Verbrechen.

Kurz vor dem Zweiten Weltkrieg meldete sich ein Hamburger Kaufmann. Er wollte eine erfolgversprechende Spur, die zur Aufdeckung der wirklichen Täter führen sollte, gefunden haben. Aber auch diese Fährte verlor sich in den Weiten des Meeres, das bis heute das Geheimnis der *Anne* bewahrt.

Eine andere Sache war es mit dem Schoner *Bertha* aus Stralsund. Kapitän Knuth hatte die Absicht, am Mittwoch, dem 25. Oktober 1922, in Kalmar an der schwedischen Südküste zu sein. Er hatte in Hamburg eine Ladung brasilianisches Quebrachaholz übernommen, das als Bauholz für Eisenbahnschwellen und Telegrafenmasten sehr gesucht war. Am frühen Nachmittag hatte er den Holzhafen verlassen und tuckerte gemächlich mit seinem kleinen Zweimaster die Elbe abwärts. Sie hatten Blankenese und Schulau passiert; Knuth hatte noch einmal seine Ladung kontrolliert und war dann in seine Kajüte gegangen, während sein Steuermann Wessel am Ruder stand. Auf Wessel war Verlaß, das wußte er. Heute, am Sonnabend, würden sie nur noch bis auf die Höhe von Freiburg/Elbe laufen und zum Abend außerhalb des Fahrwassers vor Anker gehen. Knuth fuhr in diesen belebten Gewässern nicht gern des Nachts. Er freute sich auf diese Reise ganz besonders, wußte er doch, daß er in Kalmar Ladung nach Stralsund bekommen würde. Und es war schon ein Glück in der Trampfahrt, wenn man mal den Heimathafen wiedersah ...

Es war am Sonntag um die Mittagszeit, und sie lagen immer noch vor Freiburg im Strom. Kapitän Knuth hatte es nicht sonderlich eilig. Die paar Seemeilen bis Brunsbüttel-Schleuse würden sie bequem schaffen und noch ein

Stück im Kaiser-Wilhelm-Kanal dazu. Steuermann Wessel hatte es sich an Leeseite des Steuerhauses trotz des unfreundlichen Nordwests auf einer Kiste gemütlich gemacht und blickte einem aufkommenden und tief bis an die Lademarke fahrenden Engländer entgegen, der sich schwarzqualmend beeilte, bis zum Abend nach Hamburg zu gelangen. Die *Bertha* dümpelte etwas, und aus der Kombüse zog der Duft gebratenen Specks an seiner Nase vorbei. Daran kann man merken, dachte er, daß Mittagszeit ist . . .

Was er freilich nicht bemerkte, war ein mit vier Männern besetztes kleines Boot, das aus Richtung Glückstadt elbabwärts getrieben kam und dessen Insassen auf die vor Anker liegende *Bertha* zuhielten. Der Steuermann wurde erst aufmerksam, als das Boot mit einem leichten Bums backbords anlegte und die vier Männer auf die Planken des Schoners sprangen. Er war so überrascht, daß er im ersten Augenblick kein Wort hervorbrachte: Alle vier trugen Revolver in den Händen. Der älteste der Piraten, ein Bulle von Kerl, sprang auf ihn zu und trieb ihn mit vorgehaltener Waffe über den Niedergang ins achtern gelegene Mannschaftslogis, wo sich die drei übrigen Männer der Besatzung – zwei Matrosen und ein Jungmann – befanden. Es half nichts, daß er noch warnen konnte: »Hilfe! Räuber, Banditen!« Zu spät. Die schmale Tür zum Logis wurde gesperrt, einer der Kerle stellte sich mit gezogenem Revolver als Posten davor. »Wenn ihr euch muckst, ballern wir los!« gab er, unmißverständlich mit dem Schießeisen drohend, zu verstehen.

Kapitän Knuth, durch den plötzlichen Lärm und die Unruhe aufmerksam geworden, blickte verwundert aus seinem Kajütfenster. Daß die Kerls auch nicht Ruhe geben konnten! Der Teufel sollte sie holen! Seltsam freilich, daß da plötzlich dicht am Schiff ein leeres, fremdes Beiboot vorbeitrieb. Irgend etwas stimmte nicht, doch konnte er sich keinen Vers darauf machen. Dann aber sah er die drei Männer, verwegene Gestalten, die mit Revolvern vom Mannschaftslogis herkamen und auf seine Kajüte zugingen. Hastig verriegelte der Kapitän die Tür, schrie er: »Runter von meinem Schiff, ihr Halunken! Runter sag' ich!«

Die einzige Antwort war, daß die Tür eingetreten wurde und gleichzeitig ein Schuß in seinen rechten Arm fuhr. Knuth wehrte sich. Aber was sollte er noch tun? Hilfe heranrufen? Womit?

Er warf dem Anführer einen Aschenbecher ins Gesicht, daß dieser vor Wut und Schmerzen aufschrie. Wieder zwei Schüsse. Ein stechender Schmerz jagte ihm in den Rücken, Schläge prasselten ihm ins Gesicht; er fühlte, wie ihm das Blut warm über Wangen und Kinn lief.

Die Räuber fesselten ihn, banden ihm die Hände auf den Rücken und ließen ihn auf dem Boden der Kajüte liegen. Ohnmächtig mußte er zusehen, wie die Verbrecher die Schränke durchwühlten, das Geld aus dem Wertschapp nahmen und sich seine besten Sachen anzogen. »Bleib schön liegen, Opa, und rühr dich nicht!« drohten sie. »Dann passiert dir auch nichts!«

Den Mannschaften hinten erging es nicht besser. Auch ihnen plünderten die Kerle das Logis, zogen sich die Anzüge der Besatzung an und nahmen ihnen zu allem noch die Papiere fort.

Doch wenn sie gedacht hatten, damit habe der Überfall ein Ende gefunden, so wurden sie bald eines Besseren belehrt. Der kräftigste der Piraten, ein Mann von etwa 28 Jahren, griff sich den Steuermann. »Komm mit«, zog er Wessel an Deck, »du wirst die Maschine anlassen und fahren, wie wir's dir sagen!«

Es half nichts. Am Vorschiff war schon einer der Banditen dabei, den Anker aufzuwinschen. Wessel ließ wohl oder übel den Motor an. Die *Bertha* begann Fahrt zu machen, drehte den Bug auf die Elbmündung zu, Mißtrauisch stand der Anführer der Bande neben ihm im Steuerhaus und beobachtete ihn.

Schon vor Cuxhaven wurde das Wetter schlecht.

»Wir kriegen Sturm«, warf Wessel ein und warf einen besorgten Blick auf das Barometer. »Wenn wir auf die offene See laufen, geht es uns schlecht. Wir müssen ankern.«

»Quatsch nicht!« knurrte der Verbrecher. »Immer geradeaus. Sieh zu, daß wir hier wegkommen. Meinst du, wir haben Lust, dem nächsten Zoll oder Polizeiboot in die Finger zu kommen? Erst gehen wir mal nach Helgoland und dann nach Norwegen!«

Wessel mußte gehorchen, wenn ihm sein und seiner Kameraden Leben lieb war. Gegen sechs Uhr abends hatten sie die offene See erreicht. Schon beim Feuerschiff Elbe 3 fegten ihnen die Brecher über das Vorschiff, schäumte der Gischt gegen die Scheiben des Ruderhauses. Es wurde dunkel, kaum konnte man noch die Hand vor Augen sehen. Das kleine Schiff tanzte wie ein Ball auf den Wellen. Kaum merklich steuerte Wessel nach backbord. Er mußte es versuchen. Auf dem matt erleuchteten Kompaß sah er, daß er schon eine Abweichung von fast 90 Grad hatte. Er mußte noch mehr backbord halten. Weit von ihm blinkte der »Rote-Sand-Leuchtturm« auf. Irgendwie mußte er es schaffen, zwischen »Bremen-Feuerschiff« und Rotem Sand über das flache Wasser in die Jade zu kommen.

Neben ihm beobachtete der Verbrecher mit bleichem Gesicht den blaugrünen, nachtdunklen Gischt, der gegen die Verschanzung prallte.

»Wir fahren verkehrt!« schrie er Wessel zu. »Vorhin war das Leuchtfeuer links, jetzt ist es rechts!«

»Nur keine Angst«, gab Wessel zurück. »Hier sind gefährliche Sände. Ich kenne das.« Und weiter stampfte die *Bertha* durch die kochende See, hüpfte das Beiboot achtern wie toll auf den kabbeligen Wellen.

Eine Stunde vor Mitternacht: plötzlich ein Knirschen, ein Mahlen. Dann ein Ruck. Wessel mußte sich krampfhaft am Ruder festhalten. Das Schiff ächzte und stöhnte, knallend sprangen irgendwo achtern ein paar Planken leck.

Aufgelaufen.

»Mein Gott«, schrie Wessel, »wir sitzen fest!«

Und ringsumher tobende, brüllende Nacht. Ärger denn je schlugen die Brecher auf das Schiff ein. Die Scheiben auf der Brücke zersprangen unter dem Druck einer gewaltigen Woge, die Tür wurde eingedrückt.

»Wir müssen in die Masten«, schrie Wessel, »wenn wir nicht ersaufen wollen!«

Die Verbrecher kletterten, kopflos und vor Angst gejagt, in den vorderen Mast, hielten sich pitschnaß, zitternd und frierend am Tauwerk fest.

Wessel jagte in die Kapitänskajüte, befreite seinen Chef. Mühsam richtete sich Knuth auf, starrte er in die See. Rechts voraus sahen sie ein Leuchtfeuer. Der Kapitän beobachtete es erneut, dreimal, viermal. Dann wußte er es: Vosslapp-Leuchtturm!

»Los«, rief er seinen Männer zu. »Los! In das Beiboot!«

Es war für die fünf nicht einfach, bei diesem Seegang in die kleine Nußschale zu kommen. Aber sie schafften es.

Es war Mellum-Plate, wo sie aufgelaufen waren. »Macht zu, Jungens«, trieb der Kapitän seine Männer an, die sich in die Riemen legten, »wir müssen durch! Immer auf das Leuchtfeuer zu!«

Die Verbrecher im vorderen Mast bemerkten die Abfahrenden erst, als das Boot bereits abgelegt hatte. In ohnmächtiger Wut schossen sie hinterher, aber nach wenigen Metern schon hatte die schützende Nacht die Flüchtenden aufgenommen.

Der Leuchtturmwärter von Vosslapp wunderte sich nicht schlecht, als er das Rufen in der Nacht hörte. Fünf Mann waren bei ihm gelandet und hatten ihm eine tolle, ja geradezu unglaubliche Geschichte erzählt. Da sollte auf der Mellum-Plate ein Schiff gestrandet sei, da sollten noch vier Piraten im Mast hängen?

So etwas gab's doch gar nicht!

Er schleppte die Sanitätskiste heran, verband den Kapitän. Glücklicherweise waren die drei Schußverletzungen ungefährlich. Und für alle war trockenes Zeug da, war Wärme und Geborgenheit. Nach einem steifen Grog fielen die Geretteten bald in einen totenähnlichen Schlaf.

Es war 8 Uhr morgens, als der Tonnenleger *Mellum* von See kommend in die Jade einlief. Wasser und Luft waren noch grau in grau, aber im Dunst bemerkte der Rudergänger backbord voraus zwischen Minsener Sand und Mellum-Plate ein Schiff, offenbar ein Wrack. Er nahm das Glas: Kein Zweifel, da hingen drei Mann im vorderen Mast. Die *Mellum* nahm Kurs auf den Havaristen, setzte vom Rand des Fahrwassers ein Boot aus.

Die Schiffbrüchigen winkten ihnen erschöpft zu. Der älteste der drei Erschöpften sagte, kaum daß sie alle im

Boot saßen, daß der Kapitän und sein Sohn mit dem Beiboot an Land gerudert seien, Hilfe zu holen. »Mein Gott, war das eine schreckliche Nacht! Einer von uns ist ertrunken . . .«

Vielleicht habe er sich auf die Hungerbake retten können, beschwichtigte der Kapitän des Tonnenlegers die Schiffbrüchigen. Er werde veranlassen, daß nachgesucht werde.

Dann wandte er sich an den Signalgasten: »Geben Sie einen Spruch an Vosslapp-Leuchtturm durch: Drei Schiffbrüchige von Schoner *Bertha* an Bord. Laufen Wilhelmshaven an.«

Das Erstaunen des Kapitäns war groß, als er zwei Minuten später die Antwort von Vosslapp-Leuchtturm erhielt: »Schiffbrüchige sind bewaffnete Banditen. Besatzung hier auf Leuchtturm. Haben bereits Torpedoboot V 6 angefordert, geben Sie Schiffbrüchige an V 6 ab!«

Es dauerte keine halbe Stunde mehr, bis das kleine schwarze Torpedoboot längsseits der *Mellum* ging und die drei frierenden und erschöpften Gesellen übernahm, die noch immer behaupteten, zur regulären Besatzung des gestrandeten Schoners zu gehören.

Die V 6 nahm wieder Fahrt auf, machte sich auf die Suche nach dem noch fehlenden vierten Mann. Ergebnislos.

Der Tonnenleger aber nahm Kurs auf den Leuchtturm. Kapitän Knuth und seine Männer von der *Bertha* stiegen über und dampften mit nach Wilhelmshaven. Am Pier der ersten Einfahrt machten sie fest. Polizei war bereits zur Stelle.

Die unglaubliche Geschichte sprach sich wie ein Lauffeuer unter den Marinern und Fischern herum. Eine riesige Menschenmenge hatte sich angesammelt, als endlich die V 6 mit den Verbrechern an Bord von ihrer Suche zurückkehrte.

»Ersäuft die Schweine! Aufhängen!« brach es aus den Wartenden hervor. Nur mit Mühe konnten Matrosen und Polizisten die aufgebrachten Seeleute davon zurückhalten, die Piraten zu lynchen. Sie seien Schiffbrüchige, verteidigten sie sich nach wie vor. Was man von ihnen wolle?

Aber dann sahen sie die echte Besatzung aus dem Marinegebäude neben der Schleuse heraustreten. Da gaben sie auf.

Gustav Lange, ein Finkenwerder Fischer, war der Initiator der Affäre gewesen. Zusammen mit zweien seiner Söhne hatte er sich des Schoners und der Ladung bemächtigen und damit flüchten wollen. Der zweitwichtigste Mann war ein gewisser Kuhlmann gewesen, der aus einem Strafgefangenentransport von Vechta nach Hameln entwichen war und aus Hamburg stammte. Auch er war auf der Flucht.

In der Hauptverhandlung am 16. März 1923 vor dem Schwurgericht in Stade wurden alle Täter zu hohen Zuchthausstrafen verurteilt.

Die *Bertha* aber war ein Totalverlust. Die 250 000 Inflationsmark, die die Versicherung zahlte, deckten nicht einmal ein Zehntel des Schadens . . .

ALEXANDER RANDAD, DER »PRINZ VON UND ZU CORDOBA«

Dienstag, am 4. Dezember 1923, genau fünf Minuten vor ein Uhr mittags, wurde Kriminalobersekretär Karl Rudolph Otto Förster, 44 Jahre, unvermittelt in seiner mittäglichen Ruhepause gestört. Verwundert und etwas mißbilligend starrte er den unbekannten Eindringling an. Der Besucher war etwas mehr als mittelgroß, schlank und dunkelblond, das Gesicht unter dem breitkrempigen Hut nicht unsympathisch, der graue Raglanmantel verriet einen sicheren Geschmack. Ob er hier richtig sei bei der Inspektion für Kapitalverbrechen, fragte der Mann, der im übrigen vor Hast und Erregung kein weiteres Wort herausbrachte.

Förster nickte und wies auf den Stuhl neben dem Schreibtisch. Um Gottes willen, er habe keine Zeit, winkte der Fremde heftig ab. Man möge sofort ein paar Leute schicken. Ein Raubmordversuch in der Neuen Rabenstraße, die Frau lebe noch.

Obersekretär Förster fuhr von seinem Stuhl hoch. Was er mit wenigen gezielten Fragen in aller Eile erfahren konnte, war dieses: Vor noch nicht einer Stunde hatte sein Besucher, der selbständige Kaufmann Alexander Randad, im Erdgeschoß der von ihm bewohnten Pension »von Horsten« in der Neuen Rabenstraße 4 die Inhaberin verletzt und aus mehreren Kopfwunden blutend auf dem Teppich des Salons vorgefunden. Randad hatte vergeblich versucht, die Kriminalpolizei telefonisch zu erreichen, und sich daher schnellstens auf den Weg zum Stadthaus gemacht. Die Mietdroschke, so fügte er hinzu, warte noch unten.

Nur wenige Minuten später bestiegen der Kripochef, Regierungsdirektor Schlanbusch, dazu Förster und die Inspektoren Rehmann und Harder zusammen mit dem Kriminalwachtmeister Gericke in aller Eile den wartenden Wagen – Marke »Phänomen« – und jagten zum Tatort.

In dem zweistöckigen Villengebäude in der Neuen Rabenstraße unterhielt Frau Emilie von Horsten seit Jahren eine »elegante Pension«, von der man – um Mißverständnissen vorzubeugen – an dieser Stelle sagen muß, daß es sich dabei keineswegs um ein »elegantes Etablissement« fragwürdiger Art handelte. Frau von Horsten legte nämlich großen Wert darauf, nur Mieter zu beherbergen, die auch der Lage der Pension im vornehmen Pöseldorf entsprachen. Daß sie selbst diesen Anforderungen nur sehr mäßig genügte, störte sie, die in Wirklichkeit nur eine geschiedene Frau Schuhmacher und sehr bürgerlich geborene Numssen war, nur wenig. In der Neuen Rabenstraße und in Pöseldorf kannte alle Welt sie nur als Frau von Horsten, als Witwe eines höheren Beamten oder Offiziers, die sich und ihre Pension mit Fleiß und Geschick durch die schweren Jahre gebracht hatte, wobei ihr zwei dienstbare Geister, ihre Köchin Marie Kiebarth und der Hausdiener und Chauffeur Rudolf Tantow, behilflich waren.

Das Erdgeschoß mit den zwei zur Straße gelegenen Zimmern, einem kleineren Zimmer und einem großen Salon, bewohnte sie selbst. Die Räume in der ersten Etage waren zur Zeit nicht vermietet, sollten jedoch am nächsten Tage von einem Diplomaten bezogen werden. In der zweiten Etage schließlich wohnte seit einigen Wochen der Kaufmann Alexander Randad mit Frau und einem kleinen Sohn nebst Kinderschwester.

Die Tat war, wie die Beamten bei der ersten Besichtigung feststellten, in dem zur Straße liegenden Wohnzimmer geschehen, das nur durch eine Portiere vom benachbarten Schlafzimmer getrennt war. Eine Balkontür führte von diesem Zimmer auf eine kleine Terrasse und in den Garten. Die Tür stand offen. Das Wohnzimmer bot einen wüsten Anblick. Auf dem Teppich in der Mitte des Raumes befand sich links vom Schreibtisch ein großer Blutfleck. Wild verstreut lagen Bücher, Hausschuhe, zerbrochenes Geschirr, Kaffeebohnen, Vasen und Bilder durcheinander. Über und in all diesem Wirrwarr lag zwischen Schreibtisch und Korridortür ein rund eineinhalb Meter breiter und mehr als mannshoher Bücherschrank. Eine Majolikafigur, die auf dem runden Rauchtisch neben den schweren Ledersesseln gestanden hatte, war zerbrochen. Die Türen des Bücherschrankes zeigten sich unversehrt, doch war zu erkennen, daß jemand versucht hatte, die Schließzunge der Mitteltür aufzubrechen. Ausgedehnte Blutspuren fanden sich außer auf dem Teppich auch an der Oberkante des umgefallenen Schrankes und an der linken Schreibtischtür. Die Lage der Blutflecken ließ vermuten, daß der Überfallenen die Verletzungen beigebracht worden waren, als sie bereits auf dem Teppich gelegen hatte.

Es war im ersten Augenblick nicht festzustellen, ob überhaupt etwas geraubt worden war. Die Schlüssel zu dem umgekippten Schrank und zu den Schränken im nebenan gelegenen Schlafzimmer fanden sich in der Tasche eines Morgenrocks auf dem Diwan im Schlafzimmer. Eine eiserne Kassette mit ausländischem Bargeld, eine Anzahl von Aktien und diversem wertvollen Brillantschmuck stand unversehrt und unverschlossen in einem Garderobenschrank.

Die Verletzte war bereits vor Eintreffen der Kriminalpolizei durch einen herbeigerufenen Krankentransportwagen ins Hafenkrankenhaus gebracht worden. Sekundärarzt Dr. Rosmann testierte: schwere Verletzung am Hinterkopf. Es bestand Lebensgefahr.

Harder und Rehmann brauchten einige Zeit, ehe sie sich ein einigermaßen klares Bild über das Geschehen verschafft hatten.

Es war halb zwölf gewesen, als Frau von Horsten ihrer Köchin Kiebarth anderthalb Goldmark und den Auftrag gegeben hatte, etwas Fleisch fürs Mittagessen einzukaufen, am liebsten ein Stück Rinderbrust. Mehr Geld, so hatte sie noch der Kiebarth erklärt, habe sie nicht. »Herr Randad ist noch mit seiner Miete im Rückstand, er will aber schnellstens bezahlen ...«, hatte sie noch hinzugefügt.

Gegen 12.15 Uhr war die Köchin vom Schlachter Becker in der Schlüterstraße zurückgekommen und hatte dabei Veranda- und Haustür offen vorgefunden, ohne sich freilich dabei etwas zu denken. Sie richtete in der Küche im Keller das Fleisch zu, als das Telefon klingelte. Ein Herr mit sonorer Stimme wünschte Frau von Horsten zu sprechen. Zunächst, so hatte die Köchin erklärt, habe sie nur laut nach ihrer Herrin gerufen, dann aber, als sie keine Antwort erhalten habe, sei sie ins Wohnzimmer gegangen, wo sie zu ihrem Entsetzen Frau von Horsten auf dem Teppich, dicht neben einer Blutlache, habe liegen sehen.

Auf Harders entschiedene Frage: Nein, ihre Chefin habe nicht unter dem umgekippten Bücherschrank gelegen. Im übrigen sei zu dieser Zeit auch Frau Randad im Zimmer gewesen. Doch diese konnte, vor Aufregung fast einer Ohnmacht nahe, nichts Vernünftiges zur Sache angeben.

Dienerchauffeur Tantow war, wie sich bei einer Befragung noch am Tatort herausstellte, von Randad gegen 11 Uhr morgens zum Schuhmacher Harms im Mittelweg geschickt worden, wo er ein Paar Stiefel abholen sollte. Diese waren noch nicht fertig gewesen, und so hatte sich Tantow nach höchstens einer halben Stunde bei Frau von Horsten zurückgemeldet. Danach hatte sich der Diener mit dem Staubsauger – er sagte immer: Vakuumreiniger – an die Arbeit in den Zimmern des ersten Stocks gemacht, in die am nächsten Tage die italienische Diplomatenfamilie Nobile einziehen sollte.

Der Angestellte meinte, kaum eine Minute gearbeitet zu haben, als Herr Randad in das Zimmer gekommen sei und ihm Vorhaltungen wegen des Lärms gemacht habe. Es habe einen Fall oder einen Bums gegeben, hatte Randad erklärt; er habe es deutlich gehört. Nun, Tantow blieb dabei, daß ihm nichts aufgefallen sei. Der Apparat mache Krach genug. Randad sei dann, so Tantow, ins Erdgeschoß hinuntergegangen, und kurz darauf habe er ihn markerschütternd schreien hören. Natürlich sei er gleichfalls nach unten gerannt, habe die Wohnzimmertür geöffnet und Frau von Horsten seitlich auf dem Bauche auf dem Teppich liegen sehen. »Sie hat gestöhnt und geröchelt, eine Hand guckte unter dem umgestürzten Bücherschrank hervor . . .«

Er sei zum Telefon gelaufen, wobei er auf dem Korridor Herrn Randad getroffen habe, der ihm aufgeregt zugerufen habe: »Los! Schnell . . . einen Arzt!«

Es war dann jedoch Randad gewesen, der sich an das Telefon hängte und irgendwo anrief, auch war inzwischen infolge des Lärms seine Frau hinzugekommen. Tantow selbst hatte sich inzwischen auf den Weg zur Polizeiwache gemacht, lief jedoch – weiß Gott, wie er auf den Gedanken gekommen war – zur näher gelegenen Apotheke, wo er den zufällig anwesenden Dr. von der Porten traf. Wenige Minuten später war der Arzt am »Unfallort«. Tantow rannte weiter zur Polizei. Als er – waren es fünfzehn, waren es zwanzig Minuten gewesen? – wieder in der Villa zurückgekehrt war, fand er Frau Randad im Wohnzimmer bei der Verletzten an. Sie hielt ihr den Kopf, und Tantow hörte, wie sie ihr beschwichtigend zuredete: »Ruhig, meine Beste, nur ruhig ... Es wird schon nicht so schlimm sein ...«

Es war leider schlimm genug. Dr. Ernst von der Porten, praktischer Arzt im Hause Mittelweg 181, hatte an diesem Tage einer kleinen Besorgung halber zwischen 12 und 12.30 Uhr die Harvestehuder Apotheke im Mittelweg 166 betreten, als dort ein junger Mann aufgeregt nach einem Arzt verlangte. Es war Tantow. Es sei ein Unglücksfall, so hatte dieser gesagt. Dr. von der Porten hatte, als er mit seinem Fahrrad am Hause Neue Rabenstraße 4 eingetroffen war, das Wohnzimmer durch die Verandatür betreten und Frau von Horsten in halb sitzender Stellung auf dem Teppich in der Mitte des Zimmers vorgefunden. Sie lag unmittelbar neben dem umgestürzten Schrank, stöhnte in ihrer schweren Bewußtlosigkeit und war blutüberströmt. Am Hinterkopf, so hatte der Mediziner unschwer festgestellt, klaffte eine tiefe Wunde.

Es waren dann erschienen: ein Wachtmeister, die Krankentransportkolonne. Als die Beamten der Kriminalpolizei eintrafen, war die Verletzte schon fort.

Der Fall gab den Kriminalisten einige Rätsel auf. Die Überfallene galt, das ließ sich unschwer feststellen, in der Nachbarschaft als sehr vermögend, wenn nicht sogar reich. Geschäftlich kannte sie, wie man sagte, keine Skrupel. Sie ging »über Leichen« und war ohne Furcht. In körperlicher Hinsicht war sie immer gesund und robust gewesen. Ihr Umgang war, soweit man erfahren konnte, tadelsfrei.

Wer, in Gottes Namen, konnte also ein Interesse daran gehabt haben, sie zu berauben? Nach allem, was man bisher wußte, blieben drei Möglichkeiten: Tantow, Randad oder ein Fremder ...

Randad, davon war Harder überzeugt, schied aus. Es war festgestellt, daß er sich vor Auffindung der Verletzten durchgehend in seiner Wohnung im zweiten Stock aufgehalten hatte. Das war sowohl durch seine Ehefrau als auch durch das Kindermädchen bezeugt. Tantow hatte bestätigt, daß er auf Randads Rufen nach unten gelaufen sei und die Frau von Horsten im Wohnzimmer habe liegen sehen. Es war unbestritten daß Randad in dieser kurzen Zeit die Tat nicht hatte ausführen können.

Nun – es war schon einmal verdächtig, daß Tantow entgegen Randad keinen Bums oder Fall gehört haben wollte. Verschwieg er absichtlich etwas? Andererseits – auch das hatte Harder erwogen – war Randad seit mehreren Wochen die Miete schuldig geblieben. Die Summe belief sich inzwischen auf über 80 Goldmark. Immerhin ein recht ansehnlicher Betrag ...

Was aber Tantow betraf, so kam noch ein sehr wesentlicher Punkt hinzu: Der Diener hatte angegeben, nach der

Rückkehr vom Schuster noch mit der Frau von Horsten gesprochen zu haben und danach an seine Arbeit im ersten Stock gegangen zu sein. Wenn Randad zu dieser Zeit oben in seinen Zimmern gewesen war, die Frau von Horsten aber etwa fünf Minuten nach Tantows Rückkehr überfallen worden sein mußte, so blieb der Verdacht logischerweise auf einem Mann hängen: Tantow.

Der Verdacht gegen ihn verstärkte sich, als Kriminalwachtmeister Gericke bei einer Durchsuchung im Keller des Hauses im Tantowschen Schlafraum einen Reifenheber und ein Beil fand, dessen Schneide Blutflecken aufzuweisen schienen. Harder hatte kaum noch Zweifel. Er war auf der richtigen Spur ...

Er hatte natürlich nicht übersehen, daß Randad beiläufig erwähnt hatte, er meine, nach Entdeckung der Tat einen fremden Mann durch den Garten zur Straße laufen gesehen zu haben. Aber nun, als die Tatwerkzeuge gefunden worden waren und der Inspektor ihn erneut befragte, wurde Randad unsicher. Nun ja – er meine ..., aber beschwören könne er das nicht. Vielleicht habe er sich auch geirrt ...

Harder gab die Kleidung des Verdächtigen zur Blutuntersuchung an das Chemische Staatsinstitut. Was Professor Göhlich ihm am nächsten Tage mitteilen ließ, war allerdings nicht sehr erfreulich: Er hatte nicht eine Spur von Blut finden können. »Die Stiefel des Tantow?« fragte Harder. »Auch kein Blut dran, auch nicht am Reifenheber und Beil. Das kann Rost gewesen sein ...«

Natürlich war Harder enttäuscht, denn der beste Beweis blieb immer noch der Sachbeweis. Er ließ sich den Diener, der eine unruhige Nacht in der Polizeihaft hatte verbringen müssen, am nächsten Morgen von Obersekretär Förster wieder vorführen.

Tantow war blaß, übernächtigt. Nichts war mehr an ihm von der Sicherheit, die er gestern noch gezeigt hatte. Ob er nicht einsehe, daß alles gegen ihn spreche? Ob er nicht endlich ein freimütiges Geständnis ablegen wolle?

Tantow blieb ungerührt auf seinem Stuhl sitzen. Harder beobachtete, wie der Adamsapfel seines Gegenübers auf- und abwärts rutschte, wie sich Schweißperlen auf Stirn und Schläfen bildeten. Aber sonst tat sich nichts.

»Das war ich nicht«, erwiderte Tantow schlicht. »Ich kann dazu nichts weiter sagen. Und es ist auch alles richtig bis auf die Angabe, ich hätte nach meiner Rückkehr vom Schuster noch mit der Frau von Horsten gesprochen. Soweit ich mich jetzt entsinne, ist das ein Irrtum von mir. Ich meine, mich jetzt zu erinnern, daß das nicht der Fall gewesen ist . . .«

Hatte er inzwischen seine aussichtslose Lage erkannt? Warum änderte er seine frühere, ihn so belastende Aussage ab – die einzige Aussage, die einen Angriffspunkt bot?

Nun, er wiederholte seine Angaben am 8. Dezember vor dem Haftrichter.

Als am gleichen Tage um 18.25 Uhr auf der Kriminalwache im Stadthaus – der normale Bürodienst war gerade beendet – Kriminalobersekretär Lauter ein Telefongespräch annahm, hörte er eine männliche Stimme. Hier sei das Hafenkrankenhaus, Sekundärarzt Dr. Rosmann. Er müsse sofort Herrn Dr. Schlanbusch sprechen.

Der Chef sei nicht mehr im Büro, was es denn so Eiliges gebe? Könne er die Sache nicht aufnehmen?

Nun ja, Lauters Meldung lautete:

»Sekundärarzt Dr. Rosmann telefoniert zum Mordversuch Neue Rabenstraße 4, daß die Verletzte, Frau von

Horsten (Schuhmacher), heute nachmittag in einem lichten Augenblick der Krankenschwester mitgeteilt habe, daß sie von Randad geschlagen worden sei.«

Und Lauter hatte seinem Bericht noch in aller Kürze hinzugefügt: »Herr Regierungsdirektor Schlanbusch erhielt fernmündlich Kenntnis. Kriminalsekretär Kaminski und Kriminalwachtmeister Steiner verlassen zwecks Festnahme des Randad um 7 Uhr abends das Stadthaus.«

Was war geschehen?

Krankenschwester Else Glowsky hatte gegen halb fünf Uhr das Krankenzimmer der Frau von Horsten betreten, um nach dem Rechten zu sehen. Zu ihrem Erstaunen fand sie die Kranke aufrecht im Bett sitzend vor. »Na, na – wir machen aber Sachen . . .«, drohte die Schwester freundlich und setzte sich zu ihr auf die Bettkante. Die Kranke umarmte sie daraufhin und legte den Kopf auf ihre Schulter.

»Haben Sie denn gar keine Schmerzen?« fragte die Glowsky.

»Aber ja, im Hinterkopf!«

»Sind Sie denn geschlagen worden?«

Die Kranke nickte.

»Von wem denn?«

Fast schien es, als ob Frau von Horsten nicht verstanden habe, dann aber sagte sie langsam: »Von Randad!«

Die Schwester rief Dr. Rosmann hinzu. Es wollte ihnen aber nicht gelingen, die stark ermüdete Frau erneut zum Sprechen zu bringen. Schon waren sie im Begriff, das Zimmer wieder zu verlassen, als die Patientin laut und deutlich rief: »Schwester Else!«

Das kurze Gespräch wiederholte sich in Gegenwart des Arztes. Ja, Randad habe sie geschlagen. Als Rosmann, um sich von ihrer Geistesgegenwart zu überzeugen, fragte, ob Tantow sie nicht mal besuchen solle, nickte sie mit dem Kopf. »Dann kann Herr Randad ja gleich mitkommen?« forschte die Schwester. Keine Antwort. Die Kranke hob nur entsetzt die Hände hoch und fiel stumm in die Kissen zurück.

Kaminski, Steiner, Dr. Schlanbusch und Obersekretär Taube nahmen Randad in der Wohnung fest. Es war ihm nichts anzumerken, er blieb kühl und gelassen. Wie nebenher versuchte er herauszubekommen, was gegen ihn vorliege.

»Tja«, bemerkte Schlanbusch trocken, »der Frau von Horsten geht es ja nun glücklicherweise schon viel besser . . .«

»Hat sie denn was gesagt?« entfuhr es Randad.

Schlanbusch hob nur die Schultern und sah ihn vielsagend an: »Das überlegen Sie sich nur selbst!«

Aber der Festgenommene hatte sich bald wieder gefaßt. Wer behaupte, er sei der Täter gewesen, sei ein Lügner. Das wiederholte er immer wieder. Und als er einmal mit Steiner kurze Zeit allein war, ließ er durchblicken, man solle sich ja vor einem Justizmord hüten. »Denn«, so sagte er, »wie kann man denn überhaupt einer Verletzten Glauben schenken? Die Frau weiß doch überhaupt nicht, was sie da sagt!«

Steiner, abwägend: »Lieber Herr Randad, alles spricht gegen Sie. Sie müssen sich für Ihre Verteidigung etwas anderes einfallen lassen. Und wenn Sie etwas zu ihrer Entlastung vorzubringen haben, so sagen Sie es mir. Ich will sehen, wie ich Ihnen da helfen kann . . .«

Randad zögerte eine Weile. Im Raum war es totenstill. »Wie wollen Sie mir helfen«, erwiderte er plötzlich. »Sie helfen mir am besten, indem Sie mir Ihren Revolver leihen ...«

Steiner wußte, daß er an jenem kritischen Punkt angelangt war, wo es nur noch eines geringen Anstoßes bedurfte, um den Mann, der da vor ihm saß, zum Geständnis zu bringen. Er stieß sofort nach, versuchte die unsichtbare, aber doch schon brüchig gewordene Mauer zu überwinden, die Randad um sich errichtet hatte. Aber es gelang ihm nicht. Sein Gegenüber war willensstark und intelligent genug, den gefährlichen Fehler zu erkennen, den er gemacht hatte.

Es war zwei Stunden vor Mitternacht, als Inspektor Rehmann das Gespräch mit dem Festgenommenen übernahm. Er habe keinen Zweifel daran, daß die Äußerungen der Verletzten wahr seien, drängte er. Ob er nicht endlich die Wahrheit sagen wolle? Wenn ihn schon das Schicksal der Frau von Horsten nicht berühre, warum denke er nicht an seine Frau, an seinen kleinen Sohn? Warum aber auch denke er nicht in dieser Lage an sich, an sein verpfuschtes Leben?

Rehmann sah im Schein der Hängelampe, wie es in Randad arbeitete, wie ihn dieser, den Kopf in beide Hände gestützt, mit einem merkwürdig leeren, verlorenen Blick anstarrte. Rehmann sah auch, wie Randad sich plötzlich aufrichtete, stöhnte und – er konnte nicht einmal mehr hinzuspringen – vom Stuhl fiel. Aber auch dieses Manöver des Listenreichen konnte den Inspektor nicht täuschen. Er solle kein Theater spielen, fuhr er ihn an; es handele sich um eine ernste Sache, das wisse er, Randad, gut genug.

»Was?« schrie Randad trotz aller Ohnmacht, »ich soll hier kein Theater spielen? Das sagen Sie mir? Sind Sie schon mal wegen Mordverdachtes verhaftet worden? Meinen Sie, das sei mir gleichgültig? Mir, verehrter Herr, jedenfalls ganz und gar nicht; mir geht es gewaltig gegen meine Ehre!«

Das waren große Worte, nur wirkten sie in diesem Raum, in dieser Stunde und in dieser Situation alles andere als echt. Nein: Wenn er ein Ehrgefühl habe, konterte Rehmann, so möge er der Wahrheit die Ehre geben.

Nichts – Randad blieb stumm. Er schwieg bis zehn Minuten vor Mitternacht, bis zu dem Zeitpunkt nämlich, als der Kripo-Chef ins Zimmer trat. Hatte Randad sich eine neue Taktik ausgedacht, hatte er eingesehen, daß er sich bei aller vermeintlichen Raffinesse gefährlich belastet, zumindest nur noch verdächtiger gemacht hatte? Er war wie verwandelt, als er plötzlich mit einem Unterton von Schuldbewußtsein und mit einem Seitenblick auf Rehmann und Steiner sagte: »Herr Doktor, ich habe bisher nicht die Wahrheit angegeben. Ich sehe es ein. Darf ich Sie unter vier Augen sprechen?«

Dr. Schlanbusch gab seinen Beamten einen Wink. Als er mit Randad allein war, erfuhr er eine phantastiche Geschichte:

Er sei es nicht gewesen – bei Gott –, beichtete Randad mit Tränen in den Augen. Alles, was ihn belasten könne, sei der Umstand, daß er einem anderen habe helfen wollen.

Wer der andere gewesen sei?

Er zögerte, wand sich, sprach von gegebenem Ehrenwort. Nun ja, wenn es schon sein müsse: Rudolf sei der Täter, Rudolf Tantow, der Hausdiener.

Als er den dumpfen Fall gehört habe, sei er nach unten gelaufen und habe – »Mein Gott, war ich erschrocken . . –« Rudolf mit einem Beil und einem blutigen Tuch im Korridor stehen sehen. Voller böser Ahnungen sei er in den

Salon geeilt, habe dort die Frau von Horsten gefunden; ja, er habe noch einen Mann durch den Garten auf die Straße flüchten sehen. Nein, nicht Tantow. Was er mit Tantow gesprochen habe, erinnere er sich nicht mehr sicher. Er sei zu aufgeregt gewesen. Eines aber wisse er genau: Tantow habe ihn auf Knien gebeten, ihn nicht zu verraten. Das sei, so versicherte er, seine Schuld. Er sehe es ein; er bedauere die Schwierigkeiten, die er gemacht habe.

Schlanbusch nickte. »Die Sache hat nur einen Fehler«, kommentierte er trocken, »sie stimmt nicht. Sie stimmt mit dem objektiven Tatortbefund nicht überein.« Er blickte auf die Wanduhr. »Es ist jetzt halb eins, aber noch nicht zu spät, um die Wahrheit zu sagen.«

Randad, blaß aber gefaßt, zögerte. Er wolle, so entschied er sich, erst weitere Angaben machen, wenn Rudolf dazu gehört worden sei. Worauf es ihm ankam, war offensichtlich: Er mußte Zeit gewinnen, hoffte, in der Nacht alles überschlafen zu können. Die Beamten würden müde sein, man würde die Vernehmung, dieses bisher so unergiebige und nutzlose Hin und Her, abbrechen.

Seine Rechnung ging nicht auf. Tantow würde geholt, erklärte Schlanbusch, inzwischen möge er sich überlegen, ob er bei seinen Angaben bleiben wolle.

Randad nach einigen Minuten Bedenkzeit: Die Sache habe sich nicht ganz so verhalten. Tantow sei vom Schuhmacher zurückgekommen und habe ihm das Geld zurückgegeben. Kurz danach habe er den Fall gehört, sei nach unten gegangen und habe Rudolf gesehen. Ohne Beil und ohne blutiges Tuch. Im übrigen aber stimme alles, was er gesagt habe, und er halte Rudolf Tantow für den Täter.

Die nächtliche Szene erreichte ihren Höhepunkt zwei Stunden nach Mitternacht. Sie standen sich gegenüber:

Tantow, aus dem Polizeigefängnis Hütten aus dem Bett geholt, und Randad, bei aller inneren Nervosität doch scheinbar kühl und beherrscht. Erregt wies der Diener die Anschuldigungen zurück, blieb er eisern bei seinen Angaben. »So wahr ich Rudolf Tantow heiße«, brach es aus ihm heraus, »und so wahr es einen Gott im Himmel gibt: Sie lügen, Herr Randad! Ich bin unschuldig. Sie haben die Tat begangen und suchen den Verdacht auf mich abzuwälzen. Aber ich kann mit ruhigem Gewissen noch einige Tage hinter Eisengittern schmachten. Das macht mir nichts. Frau von Horsten wird gesund werden, und sie wird – darauf können Sie sich verlassen – die Wahrheit an den Tag bringen. Dann wird es sich herausstellen, daß Sie mich in schamloser Weise zu Unrecht verdächtigen!«

Nun, Randad zeigte sich unbeeindruckt. Er leugnete auch in der Folgezeit weiter, gab eine Lügengeschichte nach der anderen zum Besten. Fast unentwirrbar wurde das, was er heute »gestand« und morgen schon widerrief.

Tantow wurde wenige Tage später entlassen.

Wer aber war Randad? Wer war dieser Mann, der sich so tief in ein raffiniert ausgeklügeltes Verbrechen verstrickt hatte? Wer war er, der da glaubte, mit dreistem Bluff und kühler Forschheit Unschuldige hinter Gitter bringen und erfahrene Männer düpieren zu können?

Alexander Heinrich Randad, 1896 in Hamburg geboren und zur Zeit der Tat 27 Jahre alt, konnte trotz seiner Jugend auf ein buntes Leben zurückblicken. Sein Leben, das war bisher gewesen: Leichtsinn, Lüge, Hochstapelei, Schwindel. Mit der ihm eigenen nachtwandlerischen Sicherheit hatte er sich seit je auf dem dünnen Grat bewegt, der die bürgerliche Gesellschaft vom Asozialen trennt.

Seine Intelligenz hatte ihn bisher vor dem Sturz in die Tiefe bewahrt, hatte ihm immer wieder geholfen, durch die Maschen des Gesetzes zu schlüpfen.

Schon in seiner Jugend hatte er sich durch einen gewissen Hang zur Lüge, zur Prahlerei ausgezeichnet. Ein Versuch, ihn als Seekadett in die Zwangsjacke militärischer Zucht zu pressen, endete mit einem Fiasko: Er mußte – die Gründe wissen wir nicht mehr – ausscheiden. Die Eltern versuchten es auf die zweite, damals sehr häufig praktizierte Weise, den hoffnungsvollen Sprößling zur Vernunft zu bringen: Sie schickten ihn ins Ausland, nach Übersee, nach Mexiko und den USA. Während des Ersten Weltkrieges gelangt er nach England, doch den germanischen Vettern ist er verdächtig: Sie internieren ihn auf der Insel Man. Er müßte nicht Randad gewesen sein, wenn es ihm nicht gelungen wäre, von dort zu entkommen. Er entwischt denn auch sehr legal und mit einem simplen Trick, der nichtsdestoweniger zwei ihm sehr eigene Charakterzüge aufweist, nämlich Raffinesse und Ausdauer: Er spielt verrückt.

Der Krieg geht gerade zu Ende, als er seine Heimatstadt wiedersieht. Er tritt als Freiwilliger zu den »Bahrenfeldern«, meldet sich, obwohl er niemals Offizier war, später als solcher bei einem fremden Detachement in Hamburg, fährt mit dem legendären General von Lettow-Vorbeck im Automobil herum, zieht mit dessen Truppen nach Blankenese. Wie später oft, übertreibt er sein Tun, wird zur Rechenschaft gezogen, und man entdeckt, daß er nie Offizier war. Man läßt Gnade vor Recht ergehen und hält ihm zugute, daß möglicherweise noch Erregungszustände auf ihn eingewirkt haben könnten, die man auf seine Internierungszeit zurückführt.

Ein tolles Hochstaplerleben beginnt. Von 1920 bis 1921 taucht er in Danzig, Helsingfors, in Wien und an mehreren anderen Orten als Prinz, Graf oder Fürst »zu Randad Cordoba« oder als »Burggraf Randad zu Cordoba« auf. Entsprechende Visitenkarten oder blaues Briefpapier mit phantasievollem Wappen – natürlich in Stahlstich – dienen ihm zur Legitimation. Er macht Schulden über Schulden und lügt das Blaue vom Himmel herunter. Wendig, wie er ist, gibt er sich in Finnland als von den Engländern verfolgter U-Boot-Kommandant aus, erwirbt das Vertrauen einer angesehenen finnischen Beamtenfamilie und heiratet deren einzige Tochter – seine jetzige Frau.

Es zieht ihn in seine Heimat, nach Hamburg. In der Semperstraße, wo er zunächst wohnt, muß er nach tätlichen Auseinandersetzungen mit dem Wohnungsinhaber ausziehen; im Oktober 1923 kommt er in die Pension von Horsten.

Natürlich spielen bei ihm, der sich nur schwer an eheliche Bande gewöhnen kann, auch Frauen eine Rolle. Freilich, es sind nicht Damen der Gesellschaft, die er bevorzugt. Er hat es mehr mit den Sehnsüchten solcher weiblicher Wesen, die allzugern Gräfinnen oder Fürstinnen sein würden; und so trifft man ihn mit Verkäuferinnen, mit Schreibmädchen, ja auch mit simplem Dienstpersonal an, und allen seinen weiblichen Bekanntschaften ist eigen, daß sie, für die erste Zeit der Bekanntschaft wenigstens, noch einigermaßen bemittelt sind.

Seine Unstetigkeit zeigt sich auch im mißglückten Berufsleben. Es gelingt ihm, Prokurist in einer Handelsfirma zu werden, muß jedoch »leider« wegen Unehrlichkeit und Unzuverlässigkeit bald wieder ausscheiden In der Schmilinskystraße gründet er eine Waschküchenfirma, das »Carinol-Werk«. Das von diesem »berühmten« Institut hergestellte dubiose Mittel gegen Maul- und Klauenseuche erweist sich als untauglich. Die Firma geht Pleite.

Die Pleite hindert ihn nicht daran, den Sommer 1923 großspurig als »Graf Alexander Randad« nebst Gattin »Carin zu Cordoba« (siehe auch »Carinol!«) am Strand von Laboe zu verbringen. In Lübeck versucht er, sich unter dem Namen eines Grafen Ravensberg einen wertvollen Teppich zu erschwindeln, der an den Freund des Grafen, den Grafen Randad, geliefert werden soll. Einem Herrn Engelbrecht nimmt er dort 25 000 Mark im Glücksspiel ab. Als Ehrenmann natürlich . . .

Er wird in Hamburg aber auch in eine Entführungssache verwickelt, die der Vater eines minderjährigen Mädchens gerade eben noch verhindern kann. Seine Frau, die ganz unter seinem Einfluß steht, spielt dabei eine sehr seltsame Rolle.

Verwunderlich wäre es bei seiner Regsamkeit gewesen, wenn er nicht auch versucht hätte, in der Politik eine Rolle zu spielen: Im Januar 1923 gründet er in Hamburg den »Deutschen Bund« und fordert in Zeitungen und mit Flugblättern zum Eintritt in diese Vereinigung auf. Als »Kapitänleutnant Randad« marschiert er mit seinem Haufen rechtsradikaler Gefolgsleute – an die einhundert Mann – im Frühjahr 1923 durch die Dammtorstraße. Der Marsch wird von der Polizei aufgelöst, die kommunistische »Hamburger Volkszeitung« widmet dem in jeder Hinsicht merkwürdigen Zeitgenossen einen ausführlichen Artikel.

Anfang November 1923 erscheint in einer Kieler Zeitung eine schwarzumrandete Traueranzeige, in der seine Freunde erschüttert mitteilen, daß Kapitänleutnant Randad bei Bekämpfung der Hamburger Oktoberunruhen den Heldentod gestorben sei. Er hat sich nie darüber geäußert, doch dürfte sicher sein, daß er sich auf diese Weise lästige Mahner vom Halse schaffen wollte. Wir wissen ja, daß er im Sommer seinen Urlaub in Laboe verbracht hatte, was bei ihm nicht ohne Schulden abgegangen sein wird.

Einen ähnlichen Trick hatte er schon einmal angewandt, als eine märkische Zeitung eine Notiz brachte, der »bekannte Flieger Alexander Randad« sei abgestürzt. Nun: Lügen, nichts als Lügen ...

Schließlich, am 8. Dezember 1923, ist seine kometenhafte Hochstaplerlaufbahn beendet. Es fehlen ihm, der in der Erschließung neuer Geldquellen und im Erfinden neuer Ausreden nie verlegen ist, simple 80 Goldmark, um die restliche und die fällige Miete zu bezahlen. Er ist endlich auf eine konsequente Gegnerin gestoßen, die sich nicht mit schönen Redensarten abspeisen läßt. Sie, die Frau von Horsten, ist ihm in gewisser Weise gleichwertig. Er hat sich verkalkuliert, denn diese Dame ist, wenn man so will, vom gleichen Adel: mehr scheinen als sein. Aber sie hat etwas, was er nie besessen hat: einen untrüglichen Sinn fürs Geschäft. Bei ihr heißt es: Baron, Graf oder Fürst – die Kasse muß stimmen. Es mag sein, daß er als angeblicher Adliger gehofft hatte, bei der Adelsdame auf standesgemäßes Verständnis für momentane finanzielle Verlegenheit zu stoßen. Dem war leider nicht so. Die sehr resolute geborene Numssen dachte überhaupt nicht daran. Bis zum 6. Dezember müsse sie ihr Geld haben, hatte sie gedroht, »sonst fliegen Sie mitsamt Ihrer Familie 'raus«!

Immerhin, er vertröstete die Frau dennoch, zahlte kleine ergaunerte Beträge an sie, aber schließlich ist es unweigerlich soweit: Die Exmittierung droht. Er, dem immer noch etwas eingefallen war, der immer noch einen Rat wußte, sieht keinen anderen Ausweg mehr: Die Alte muß weg! Er, der kluge, listenreiche Alexander Randad wird sich etwas ausdenken. Er wird sich einen Unfall ausdenken, einen Unfall beim Hausputz. Ein Bücherschrank wird umkippen – so einfach ist das ...

War nicht alles glattgegangen, waren nicht sogar die schlauen Kriminalisten auf ihn hereingefallen? Hatten sie nicht einen anderen eingesperrt? War es nicht gut so? Und sollte er nun, wo diese Beamtenseelen meinten, sie hätten ihn endlich erwischt, klein beigeben? Jeder andere vielleicht hätte es getan. Aber Randad? Er gab zu, leugnete wieder, spielte den Verrückten, den Verzweifelten, wurde wieder zum Harmlosen, zum Biedermann ...

Kein Zweifel, daß er sich über seine Situation klar war. Und so machte er den ersten Versuch bereits in der Nacht, als ihn Schlanbusch dorthin schickte, wohin er gehörte. Es war auf dem Arrestposten I im Stadthaus; es war dort, wo der nächtliche Bodensatz der Großstadt darauf zu warten hatte, dem Richter vorgeführt zu werden.

Randad, Fürst zu Cordoba, befand sich unter kleinen Tagedieben, Einbrechern, Dirnen und Zuhältern. Unter allen nächtlichen Weggenossen war ihm ein Mann aufgefallen, von dem er meinte, sich etwas versprechen zu können. Was hatte der Mann, ein Schauermann im blauweiß gestreiften Arbeitskittel, schon verbrochen: Er hatte im Hafen etwas mitgehen lassen. Na, wenn schon ...

Kein Zweifel, daß der Mann am nächsten Tage entlassen werden würde. Randad versprach ihm goldene Berge, flüsterte ihm ein, miteinander die Namen zu tauschen, das Delikt. Warum denn auch nicht, da sei doch kein Risiko drin? Leider glaubte der Hafenarbeiter nicht an goldene Berge, ja, er meldete das merkwürdige Angebot der Polizei. Randad wurde in Einzelhaft gelegt.

Freilich, wer meint, unser Held hätte sich durch solche Betriebspannen entmutigen lassen, irrt sich. Die große Sensation gab es vierzehn Tage später, genauer gesagt, am 21. Dezember 1921: Der Prinz war im Untersuchungsgefängnis wie vom Erdboden verschluckt und blieb verschwunden. Die Gefängnisleitung war bestürzt, die Kriminalpolizei wütend, das Gericht ratlos. Was war geschehen? Doch lassen wir ihn – später – über diese Affäre selbst berichten, denn seine Aussage ist ein klassisches Musterbeispiel für angewandte Psychologie:

»Ich bin ohne Mitwirkung eines Beamten aus dem Arrestposten im Strafjustizgebäude entwichen. Auf Anforderung des Untersuchungsrichters war ich vom Untersuchungsgefängnis aus wegen einer Vernehmung in die gemeinsame Sammelzelle gebracht worden. Ingesamt befanden sich dort etwa 20 Personen. Den Gedanken zur Flucht hatte ich bereits vorher erwogen; die Möglichkeiten dazu schienen mir naheliegend. Nach gepflogener Unterhaltung und auf meine Anregung hin meldeten wir uns – etwa 6 bis 7 Personen – zum Austreten. Dieses wurde uns von dem Aufsichtsbeamten gewährt. Ich habe dann eines der drei Klosetts aufgesucht und mich dort etwa 15 Minuten aufgehalten. Ich hörte, wie draußen auf dem Korridor mein Name aufgerufen wurde, auch gleichzeitig die Unterhaltung der Beamten über mein Fehlen. Diesen Moment benutzte ich zur Ausführung der Flucht.

Ich zündete mir eine Zigarette an, steckte mir einen Federhalter, der von einem Aufsichtsbeamten versehentlich von dem vor dem Abortraum stehenden Tisch gestoßen worden war und von einem Mitgefangenen beim Eintritt unabsichtlich mit dem Fuße in den Abortraum gestoßen worden war, hinters Ohr, stellte mich einen Augenblick in den Kreis der lebhaft debattierenden Beamten, rief ihnen zu: »Mahlzeit!« und ging die nach oben führende Wendeltreppe hinauf. Da die Beamten in meiner Hand außerdem ein mit dem in die Augen fallenden Aufdruck »Amtsgericht Hamburg« versehenes Schriftstück bemerkten (es handelte sich um eine mir kürzlich ausgehändigte Zustellung), hielten sie mich anscheinend für einen Gerichtsbeamten und ließen mich ungehindert passieren. Dieser Umstand dürfte auch für den Posten an der Wendeltreppe maßgebend gewesen sein, denn auch dieser ließ mich, nachdem ich ihm kurz und in sichtbarer Aufregung das Entweichen eines Gefangenen mitgeteilt hatte, ohne irgendwelche Weigerungen passieren, und zwar, von der Wendeltreppe aus gesehen, links den schmalen Korridor entlang, von wo aus die Tür rechts nach dem freien Gang zu den Gerichten führt. Ich dankte nun dem die Tür aufschließenden Beamten und war nun frei. Ich trug einen blauen Jackettanzug, weichen Kragen und braune Halbshuhe, aber keine Kopfbedeckung.

Über mein weiteres Verhalten nach dem Verlassen des Strafjustizgebäudes verweigere ich die Angaben.«

Unwichtig, daß er seine Aussage dazu verweigerte. Förster hatte nicht geschlafen. Er hatte den Post- und Telefonverkehr der Angehörigen überwachen lassen (damals war ein richterlicher Beschluß dazu leichter zu erlangen) und schon eine Woche später erfahren, daß eine Verwandte mit einem Mann in Hannover telefoniert hatte. Es ging alles sehr schnell: Der Hannoveraner hatte einen Sohn, der in Hamburg dem Uhlenhorster Tennis- und Hockeyklub angehört hatte, und man vermutete nicht zu Unrecht eine Beziehung dahinter, weil der Flüchtige für einige Zeit ebenfalls Mitglied dieses Klubs gewesen war. Man erfuhr auch, daß die beiden Freunde gewesen waren. Und in der Tat: Der junge Mann hatte Randad geholfen, hatte ihm seine Papiere geliehen. Der Flüchtige, so ermittelte Förster, könne sich im Waldrestaurant Lohse in Bad Salzuflen aufhalten.

Kriminalkommissar Unger konnte Randad gegen Mitternacht – der »Prinz« stand prahlend im Skianzug an der Theke – verhaften. Das war am 28. Dezember 1923.

Aber wie schon früher: Er wäre nicht Randad gewesen, hätte er nicht in der Wandelhalle des Hauptbahnhofes in Hamburg noch einen Fluchtversuch gewagt. Unger – leider oder Gott sei Dank – hatte ihn freilich fest an der Transportfessel. Dem verhinderten Liberalisierungsversuch schloß sich auf dem Arrestposten I im Stadthaus ein Selbstmordversuch an. Vergeblich. Freilich, Randad war durch nichts zu erschüttern: Er sprach für die nächsten Stunden nur noch Englisch, behauptete, ein gewisser Roosfield zu sein und rannte als angeblich durch eine brachiale Justiz unschuldig Verfolgter unentwegt mit dem Kopf gegen die Wand. Nicht nur wörtlich, sondern tatsächlich.

Zu seinem Unglück hatte er sich durch seine früheren Eskapaden jegliches Mitgefühl verscherzt. Die Beamten blieben stur, und so hörte denn auch sein unnatürlicher Zustand bald wieder auf.

Was aber nicht nachließ, war sein unablässiges Bemühen, die so ersehnte Freiheit recht bald wiederzuerlangen. Er brachte einen unbescholtenen, aber geistig sehr unbedarften Hausarbeiter im Hütten-Gefängnis dazu, anonyme Briefe an das Gericht zu schreiben, in denen auf einen unbekannten Täter hingewiesen wurde. Der Mann wurde entlassen.

Als man eines Tages seine Zelle kontrollierte, fand man unter einer gelockerten Fußbodenbohle eine Eisenstrebe, die er von seiner Bettstelle abmontiert hatte.

Ja, Randad brachte es vermöge seines Redetalents sogar fertig, einen ebenfalls im Polizeigefängnis einsitzenden Landstreicher und Pennbruder dazu zu bringen, sich der Tat an der Frau von Horsten zu bezichtigen. Dieser, ein gewisser Wilhelm Bauer, meldete sich als derjenige Unbekannte, den Randad – man wird sich erinnern – bei Entdeckung der Tat angeblich über den Rasen hatte fortlaufen sehen. Es bedurfte langwieriger Ermittlungen, diese neuerliche Legende zu zerstören.

Aber damit nicht genug: Als er Anfang Mai 1924 zur Beobachtung auf seinen Geisteszustand in die Staatskrankenanstalt Langenhorn überwiesen wurde, schaffte er es, trotz genauester Untersuchung durch die transportierenden Beamten, zwei Feilen mit hineinzuschmuggeln, von denen eine in einer Banane, die andere in einem Buchrücken versteckt war.

Wen wundert es, wenn ihm, lange nach seiner Verurteilung, am 30. Juli 1932 doch noch ein Ausbruch glückte? Er entwich während der Außenarbeiten in der Nähe des Zuchthauses Rendsburg, wo er seine Strafe verbüßte, reiste wochenlang unstet in Deutschland umher, bis er am 29. September 1932 in München wieder verhaftet und nach Rendsburg zurückgebracht werden konnte.

Nein, Randad war nicht der Mann, aufzugeben. Bis in den Februar 1924 hatte er beharrlich geleugnet. Und alle Mühen, die sich Untersuchungsrichter Dr. Hirsche gemacht hatte, schienen vergebens.

Wahrscheinlich war es die Erkenntnis, in welch aussichtsloser Lage er sich befand, als er am 21. Februar 1924 nach Dr. Schlanbusch und Inspektor Rehmann verlangte. Er wolle ein Geständnis ablegen, hatte er geschrieben.

Als die Beamten zusammen mit dem Untersuchungsrichter bei ihm erschienen, gab er Folgendes an: Er habe am Tattage morgens mit der Frau von Horsten über die fällige Miete gesprochen, ihr auch einen kleinen Teil bezahlt, als er mit ihr in einen Streit geraten sei. Sie habe ihm gedroht, ihn zu exmittieren; sie könne einen ausländischen Mieter bekommen, der ihr 20 Pfund monatlich bezahlen würde. Er habe sich daraufhin bereit erklärt, die gleiche Summe aufzubringen, doch habe die Vermieterin Sicherheiten in Form von Schmuck an ihn gestellt und gemeint, er könne ja, wenn er ausziehen wolle, das Kind mitsamt der Kinderschwester gewissermaßen als Pfand zurücklassen. Das schien, wenn man die Frau von Horsten kannte, nicht gar so unglaubwürdig.

Über die Zumutung wegen des Kindes sei er in fürchterliche Erregung gekommen, habe einen zufällig im Zimmer liegenden Hammer ergriffen und auf die Frau eingeschlagen. Sie habe sich bei dem Angriff am Schrank festgehalten und diesen dabei umgerissen. Alles sei im Grunde nur eine Sache von Minuten gewesen. Er sei nach oben gelaufen, habe sich die Hände gewaschen und den Hammer auf die Straße geworfen. Tantow – dessen erinnere er sich genau – sei erst etwa acht Minuten nach der Tat zurückgekehrt, und er habe sich überlegt, wie er die Tat auf diesen lenken könne. So sei er auf die Idee mit dem Fall oder Bums gekommen, dazu auch auf den Gedanken, die Tat selbst anzuzeigen, um die Kripo in die Irre zu führen.

Den Hammer habe er, als er zum Stadthaus gegangen sei, wieder an sich genommen und von der Lombardsbrücke in die Alster geworfen.

Soweit sein Geständnis. Freilich, es hatte einige Schönheitsfehler, aber es kam dem möglichen Ablauf schon sehr nahe. An eines aber wollte er nicht heran: daß er nämlich Tantow zum Schuhmacher geschickt hatte, um die Tat ungestört ausführen zu können. Dieses zuzugeben, hätte die Abkehr vom Totschlag und Wendung zum vorsätzlichen Mord bedeutet.

Randad hat dieses Geständnis später mehrfach widerrufen, doch es nützte nichts mehr: In der Hauptverhandlung vom 24. Mai 1924 wurde er – Landgerichtsdirektor Dr. Ertel leitete die Hauptverhandlung, Justizrat Dr. Levy fungierte als Verteidiger – wegen versuchten Mordes in Tateinheit mit versuchtem Raube zu zehn Jahren Zuchthaus verurteilt.

Er verbüßte seine Strafe voll. Auf ein Gnadengesuch, das er im April 1933 – vermutlich im Hinblick auf seine frühere »vaterländische Betätigung« anfangs der 20er Jahre – eingereicht hatte, wurde ihm die bemerkenswerte Mitteilung zuteil:

»Weitere Gesuche können erst nach einem Jahr geprüft werden, wenn Sie sich bescheiden und tadelsfrei geführt und gezeigt haben, daß Sie an sich arbeiten. Hierzu gehört auch der Verzicht auf politische und vaterländische Redensarten, die Ihnen nach Art ihrer Straftaten nicht anstehen und nur geeignet sind, die nationale Bewegung in Deutschland zu diskreditieren.«

Man glaubt es heute nicht, doch so streng waren damals die Bräuche ... Der Rest der Zuchthausstrafe, so hieß es dann, würde ihm allerdings in eine gleichlange Gefängnisstrafe umgewandelt.

Am 12. März 1934 wurde er entlassen.

Alexander Heinrich Randad, beinahe zum Mörder gewordener Hochstapler, Glücksritter und Betrüger, war einer jener für die erste Hälfte der 20er Jahre so kennzeichnenden Typen von Kriminellen, an denen diese Zeit so reich war. In unserem Buch werden wir einige davon erleben: den Dienstmädchenmörder Fridolin Becker und den nahezu liebenswerten Landarbeiter Otto Merckel alias »Fürst von Schliewen«.

Sie waren, genau wie die arbeitslosen Linksradikalisten Anfang der 30er Jahre, kriminelle Phänomene ihrer Umwelt. Sie waren »tolle Kerle« oder wollten es sein, sie waren »national«, waren »Freikorpskämpfer«, gehörten der Brigade Ehrhardt oder der OC (Organisation Consul) an, sonnten sich im Schein des Geheimnisvollen, der sie umgab. Aber sie wurden mit ihrer Zeit nicht fertig, blieben Entwurzelte, oft auch Heimatlose. Wurzellos und heimatlos in jeder Beziehung.

Eines aber hatte Randad allen seinen Genossen voraus: Ihm war eine Ehre zuteil geworden, der sich niemand von ihnen rühmen konnte. Die Panoptikumsgesellschaft in Hamburg nämlich hatte es sich nicht versagen können, den abenteuerlichen und stadtbekannten Helden in Lebensgröße in Wachs zu modellieren und damit jedermann gegen 30 Pfennige Eintritt zugänglich zu machen. Man wird verstehen, daß dieser Umstand unseren »Fürsten« nicht gerade begeisterte, zumal es nicht jedermanns Sache ist, etwa mit Jack the Ripper, Haarmann oder Landru auf eine Stufe gestellt und wohlig-erschauernd betrachtet zu werden. Nichts wohl an der ganzen Sache, auch nicht das Schicksal der bedauernswerten Frau von Horsten, hatte ihn so sehr aufgebracht wie die Tatsache, zur Panoptikumsfigur geworden zu sein. Das war genau das Gegenteil davon, dessen er sich in seiner Lebensführung schuldig gewesen zu sein glaubte. So beklagte er sich darüber in einem Brief an den Generalstaatsanwalt:

»Die Panoptikum-AG, Hamburg, hat sich herausgenommen, mich in ihren Ausstellungsräumen in Naturgröße auszustellen. Die ‚erklärende' Inschrift lautet: ‚Prinz Randad zu Cordoba, Internationaler Abenteurer'. Als Standort wählte sie, falls Ihnen die Räume näher bekannt sein sollten, den zweiten Stock, gleich neben der Treppe, wo im allgemeinen nur große Geisteshelden und Könige zu stehen pflegen. Eine ganz besondere Blasphemie aber erblicke ich darin, daß man sich nicht schämte, mich unmittelbar neben Friedrich dem Großen aufzustellen; eine Blasphemie, die um so größer erscheint, als diesem Größten aller Helden zugemutet wird, sich ständig in der Nachbarschaft eines Menschen zu befinden, der als elender Verbrecher unwürdig ist, ihm selbst die Schuhriemen zu lösen.«

Nun, der »Alte Fritz« wird es überwunden haben. Er brauchte sich des Pseudoprinzen nicht mehr lange zu schämen. Die Panoptikumsgesellschaft mußte Herrn Randad zu Cordoba, ihren Reißer der letzten Monate, auf gerichtliche Anordnung ins Magazin stellen. Sein Schicksal ist unbekannt. Vielleicht ist er dort verstaubt. Vielleicht aber wurde er auch umgegossen in einen Engel, vielleicht steckt aber auch heute noch ein Stückchen von ihm in Adolf Hitler oder Josef Stalin ... Wer weiß das schon? So ist er doch noch zu einem winzigen Stückchen Unsterblichkeit gekommen ...

An den Kais zwischen Baumwall
und Landungsbrücken nahm das Seeräuber-Stück des Kurt Jaekel seinen Anfang.

VON DER DAME FORTUNA, VON WEIßEN PÜLVERCHEN UND DEN GLÜCKSELIGKEITEN DER GELBEN SÖHNE DES HIMMELS

Es gibt vier Arten, im Laufe eines Menschenlebens zu Geld und Vermögen zu kommen: durch ehrliche Arbeit, durch Verbrechen, durch eine Erbschaft oder durch Glücksspiel. Mit der ehrlichen Arbeit ist es wohl sehr mühsam, aber dennoch nicht ganz aussichtslos; von den Ganoven freilich sind gerade diejenigen erfolgreich, denen man es nicht ansieht – die mit dem Biedermannsleben und dem weißen Kragen – (die kleinen Gauner sind immer arme Hunde geblieben); echte Erbtanten sind rar wie weiße Raben; und mit dem Glücksspiel schließlich ist es so eine Sache: Der große Wurf gelingt fast nie ...

Nie wurde in Hamburg mehr gespielt als in den Jahren nach den beiden Weltkriegen, als sich konzessionierte und unkonzessionierte Spielbuden, Spielkasinos und Spielhöllen aufmachten und wie Pilze aus dem Erdboden schossen. Daraus ergibt sich auch, dass Glücksspiel eine Zeiterscheinung ist. Immer dann, wenn das Geld seinen Wert verliert, wenn sich ehrliche Arbeit nicht mehr lohnt, ist der Mensch geneigt, sich der flüchtigen Dame Fortuna zuzuwenden.

Nun ist freilich jemand, der gern einen Skat oder einen »Klabberjas« spielt (zu dritt, versteht sich), noch längst kein Spieler. Aber die Grenzen verschwimmen bald. Zu dem leichten Gewinn – vom Verlust spricht ein Spieler nie – kommen die Sucht, das Prickeln in den Fingern, kommen die Atmosphäre des Spielens, das halbdunkle Licht, der Alkohol. Meist ist es leichtverdientes Geld, das über die Spieltische wandert, Geld aus Schwarzhandel vielleicht oder Hehlergewinn, oft aber auch nur nackte, verzweifelte Not und das Bemühen, endlich zum »großen Glück« zu kommen. Aber fast immer ist auch eben diese Not durch das Spiel selbst verschuldet.

Wen es einmal mit magischer Kraft gepackt hat, wird oft selbst zum Betrüger, wird zum Betrüger am Spieltisch oder an anderen, um sich die Mittel zum Spiel zu beschaffen. Unterschlagungen werden begangen, die Haushaltskasse wird geplündert, und wer jemals in der Wohnung eines echten Spielers war, weiß, wie es dort aussehen kann: Hinter schäbigen Gardinen ein paar alte Stühle, ein wackeliger Tisch, eine Matratze auf dem Fußboden, der Küchenschrank leer. Die Kinder in dünnen Fahnen, die Frau abgehärmt und verweint. Das letzte bißchen Habe ist längst ins Pfandhaus gewandert, die Exmittierung droht, das elektrische Licht ist schon seit Wochen abgeschaltet, der letzte Ausweg oft nur ein Strick. Manchmal, wenn es »gut« geht, bleiben das Obdachlosenasyl oder das Gefängnis.

Im September 1920 hatte die Kriminaloberinspektion D die Bearbeitung der Spiel- und Wettangelegenheiten von der Kriminaloberinspektion C übernommen. Das Personal hatte wegen der lawinenartig anschwellenden Spielsucht verstärkt werden müssen. Das »Spielhöllenkommando« war geboren . . .

Nur ganz am Rande ging es um die »fliegenden Spielbanken«, die es nach 1919 in St. Pauli – und dort vor allem in der Thalstraße – gab oder auch auf oder in der Nähe der Rennbahnen. Sie waren leicht zu bekämpfen. Sie bestanden aus zwei Mann, von denen sich der eine nach Art der Bauchläden einen Spieltisch umgehängt hatte, während der andere die Karten aufdeckte. Gespielt wurde, bei einer zwei- bis neunfachen Gewinnquote, das »Große Los«. Aber sie waren dennoch, wie auch die Spielerecken in den Hafenkneipen und Gassenschenken, mehr Symptom als von besonderer Wichtigkeit.

Interessanter waren da schon die regelrechten Spielklubs, die sich in Privathäusern und besseren Lokalen etabliert hatten. Da gab es den »City-Club« in Streits Hotel, den »Club Marmor« im Hotel Mählmann an der Kirchenallee, den Privatklub »Alsterdamm« bei Parepp, die »Gesellschaftliche Vereinigung Alsterdamm« am Brandsende, die Spielklubs Esplanade 16 und An der Alster 61.

Die Polizei hatte zunächst versucht, dem Unwesen durch Bestrafungen wegen Übertretung des Lichtverbots oder der Schankkonzession, wegen Duldung verbotenen Glücksspiels oder Übertretens der Polizeistunde zu steuern. Vergeblich. Auch ein Verbot, das der Garnisonälteste, Freiherr von Wangenheim, im September 1919 erließ, konnte dem Übel nicht abhelfen.

Gespielt wurden: Siebzehn und vier, Puff, Tarock, Roulette, Meine- Tante – Deine Tante, »Klabberjas«, Lotterie und dergleichen.

Kammersänger Moran, der in Hamburger Kaffeehäusern auftrat, hatte im Hotel »Pariser Hof« am Holzdamm einen »Geselligen Verein« gegründet. Er war nichts anderes als ein illegaler Spielklub und wurde bei einer Großrazzia Ende September 1920 aufgehoben. Am gleichen Abend ging auch der Spielklub im Hotel Lemke in der Großen Allee hoch. Als die Beamten eindrangen, fanden sie etwa zweihundert Teilnehmer versammelt, die in alle Richtungen auseinanderstoben. Die Flucht ging durch die Fenster, über Luftschächte und andere Hindernisse. Fünfundfünfzig Personen konnten schließlich festgehalten und an die Wache in der Kirchenallee gebracht werden.

Fast jeder Beruf war unter den Hasardeuren vertreten: Schlachter, Kellner, Friseure, Kaufleute, Makler, Schauspieler, Opernsänger, Rechtsanwälte, Beamte; dazu natürlich die Damenwelt aus der Gesellschaft, vom Theater, Verkäuferinnen, Geschäftsfrauen und – last not least – Halbwelt in jeder Menge.

Es scheint, daß der Spielklub »Gesellige Vereinigung« in der Esplanade 16 sich der besonderen Gunst des Spielhöllenkommandos erfreuen durfte. Er stand unter der Leitung eines Ingenieurs Heidtmann, und die Kriminaloberinspektoren Haßkerl und Rickert hatten das schwierige Problem zu bewältigen, mit einem Überraschungsschlag den in voller Aktion befindlichen Laden auszuheben. Das war leichter gesagt als getan. Die Spielhöllenunternehmer, durch frühere Erfahrungen gewitzt, hatten sich ein raffiniertes Schutzsystem ausgedacht und sich in regelrechten Verteidigungszustand versetzt. Fenster und Türen waren mit Läden versehen, geheime Klingelanlagen führten von Beobachtungsposten in die Räume, und zu alledem sorgten gutbezahlte Wächter dafür, daß unliebsame Überraschungen vermieden wurden.

Die Polizei gab nicht auf: Sie stellte uniformierte Posten vor die Eingangstüren, die allein durch ihre Anwesenheit spielwütige Besucher abschreckten. Allein – das Kernproblem war damit nicht gelöst. Es wurde an anderer Stelle weitergespielt, und bald mußte die Behörde einsehen, daß die ständige Postierung ihre Kräfte überstieg.

Haßkerl und Rickert versuchten es in der Nacht zum 21. Juli 1921 mit einer Gewaltlösung. Etwa eine Stunde vor Mitternacht drangen sie – überraschend, wie sie meinten – in die eleganten Räume in der Esplanade 16 ein. Was sie aber antrafen, war lediglich eine fröhliche Gesellschaft von Skatspielern. Haßkerl kochte. Er werde es ihnen zeigen, schwor er insgeheim . . .

Aufgeschoben war nicht aufgehoben, und der Tag der Rache ließ nicht lange auf sich warten.

Es war am 29. September und hatte damit begonnen, daß auf der Nachtwache der Kriminalpolizei im Stadthaus das Telefon in dem Augenblick klingelte, als Obersekretär Schrader gerade die Karten für ein neues und gewiß ehrliches Skatspielchen aufnehmen wollte.

»Kriminal-Nachtwache.«

Niemand meldete sich. Er fragte energischer. »Ist da jemand?«

Schon wollte er verärgert den Hörer wieder auflegen, als sich eine Frauenstimme vernehmen ließ: »Fahren Sie sofort zur Esplanade 16, da ist ein Mord passiert!«

»Ein Mord?« wiederholte Schrader überrascht. »Machen Sie keine Witze. Wo denn da? Wer sind Sie überhaupt?«

»Das tut nichts zur Sache. Sie werden sehen.«

Ein kurzes Knacken. Totenstille in der Leitung . . .

Schrader gab Alarm für seine Männer, doch irgendetwas hatte ihn abgehalten, wie immer sonst in solchen Fällen seinen Chef, Regierungsdirektor Dr. Schlanbusch, und das große Fahndungskommando zu alarmieren. Die Sache schien ihm nicht geheuer, es sah ihm nach einer Fiktion aus.

Am Tatort herrschte denn auch himmlische Ruhe, nur aus mehreren Räumen im ersten Stock drang verhalten fröhlicher Lärm. Als Schrader nachfragte, hob man dort amüsiert die Schultern. Nein, eine Leiche befände sich nicht unter ihnen, allenfalls, falls er sich überzeugen wolle, eine Schnapsleiche ...

Er überzeugte sich. Was er sah, genügte ihm.

Zurückgekehrt, alarmierte er das Spielerkommando. »Einmalige Gelegenheit, Herr Haßkerl«, beschwor er diesen am Telefon, »die Bude ist randvoll ...«

Es war 11 Uhr nachts, als zwanzig »grüne« Polizisten (zum Unterschied von den »blauen« Revierpolizisten) das Haus in Sekundenschnelle und doch in aller Stille umstellten. In den nebenan gelegenen Räumen des »Hamburger Echo« wartete bereits eine Gruppe von acht Kriminalbeamten, während eine gleichgroße Gruppe in der Wohnung eines Arztes – gleich um die Ecke in den Colonnaden – auf das Zeichen zum Vorgehen wartete.

Zehn Minuten später ertönte ein kurzer Pfiff. Von der Hofseite aus sprangen dunkle Schatten über ein Dach an zwei im ersten Stock gelegene Fenster und umringten im Handumdrehen die illustre Gesellschaft. Klirrend waren die Glasscheiben zerborsten, waren die Männer des Spielhöllenkommandos hinter die Spieltische gestürzt. Der Schreck war den Spielern so in die Beine gefahren, daß sie kaum fähig gewesen waren, sich zu rühren oder auch nur einen Laut hervorzubringen. Niemand hatte daran gedacht, auch nur eine Karte oder einen Geldschein vom Spieltisch zu fegen. Es stand pari für Haßkerl und Rickert.

Heidtmann und Genossen wurden am 21. März 1922 von der Strafkammer III zu Geldstrafen zwischen 3 000 und 20 000 Mark verurteilt. Inflationsmark ...

Sehr viel unangenehmer freilich war der Besuch, den die späten Gäste eines Spielklubs im Hause Bürgerweide 14, in der Nacht zum 30. Oktober 1920 über sich ergehen lassen mußten. Als der Türschließer auf das vereinbarte und nur Eingeweihten bekannte Klingelzeichen öffnete, wurde er von drei maskierten Kerlen unter vorgehaltenen Pistolen an die Seite gedrängt. »Kein Mucks, Freundchen!«

Der ungebetene Besuch begab sich in den Salon, wo dreißig Damen und Herrn – oder solche, die es sein wollten – den verbotenen Spielchen frönten. Die Damen machten große Augen, die Herren wurden kalkweiß im Gesicht.

»Ruhe, Leute!« schrie der Anführer der Maskierten. »Keiner rührt das Geld auf dem Tisch an!« Und dann zu seinen Kumpanen: »Los, sammelt die Piepen ein!«

Seelenruhig stopften sich die Ganoven das Geld in die Taschen.

»Und nun mal alle die Brieftaschen und Portemonnaies 'rauslegen«, kommandierte der Chef. »Jeder kommt hier bei mir vorbeimarschiert ...!« Da half kein Zögern, kein Verstecken. Die Jackentaschen der Gauner füllten sich zusehends.

»Und nun nehmen wir noch ein bißchen Schmuck mit ...«

Was sollten die zitternden Damen tun, wo doch schon ihren Kavalieren das Herz in die Hose gerutscht war? Natürlich waren sie so freundlich, den nächtlichen Besuchern Ketten, Colliers und Ringlein zu überreichen. Ja, die Ohrringe ebenfalls.

Tränen flossen reichlich, doch alles Bitten und Flehen war umsonst. Die Herren Räuber blieben hart. »Es kann weitergespielt werden«, spotteten sie beim Verschwinden, »mit 'nem bißchen Glück dabei kommt ihr schon drüber hinweg.«

Der Spuk verschwand, zurück blieb eine fassungslose Gesellschaft. Die Haupttäter dieses Gaunerstreichs wurden einige Monate später ermittelt: Robert Cajus und ein gewisser Schwarz. Die Quittung für das Räuberstückchen wurde ihnen am 12. Juli 1921 überreicht: Beide gingen für je sechs Jahre ins »Z«.

Die goldenen Jahre der Spieler und Spielhöllen endeten 1923, als die geschundene Mark Ausgang des Jahres ihren vollen Wert zurückerhielt. Wer sein Geld durch seiner Hände Arbeit verdienen mußte, drehte jeden Pfennig in der Tasche um. Was übrigblieb, war relativ unbedeutend: Gelegenheitsspieler in den Lokalen in der Nähe der Rennbahnen, in einigen Kneipen am Hafen, später – Anfang der 30er Jahre – Erwerbslosenspielklubs in der Umgebung der Arbeitsämter, in den Parkanlagen. Das war alles.

Eine andere Sache war es mit den Buchmachern, die ebenfalls ihr Geschäft mit dem Glück machten: die einen konzessioniert, die anderen als »wilde Bookies« auf den Rennplätzen in Horn, in Borstel, Bahrenfeld und Farmsen. Nun, die »Bookies« gingen am Rande mit.

Nicht am Rande aber ereignete sich die Affäre, von der nun zu berichten sein wird. Sie ist ein Beispiel für den Fortschritt der Technik und dafür, daß die Kripo den Gaunern notgedrungen immer ein Stückchen nachhinkt.

Buchmacher Dietz blickte gelangweilt durch das vergitterte Schalterfenster in den großen Warteraum seines Wettbüros am Steindamm. Er hatte die Ellenbogen auf die Platte des Kassentisches gestützt und die gefalteten Hände unter das Kinn geschoben. Es war der 17. Januar 1928, nachmittags 4.25 Uhr. Seit 3 Uhr lief das Rennen in Auteuil.

Die Luft im Lokal war stickigblau, Tabakschwaden standen wie Hechte unbeweglich unter den grünen Schirmlampen der Tische und Stehpulte. Der große eiserne Ofen neben der breiten Tafel mit den Rennlisten bullerte fleißig. Draußen war es kalt und ungemütlich.

An den Stehpulten an der Längswand und um die Tische vorne am Schaufenster, durch das man auf die Straße blicken konnte, standen oder saßen die Wetter, ihre Rennzeitungen und Listen in der Hand. Sie hatten kleine Kreuze, Striche oder Kreise vor die Zeilen gemalt: Sieg, Ita oder Platz. Die Klingel unter der Uhr gab einen kurzen Laut, Vorwarnung gewissermaßen. Dietz sah auf die Uhr. Genau fünf Minuten vor halb. Er lehnte sich etwas zurück, hob den linken Arm etwas hoch und rief: »Auteuil viertes Rennen kommt!«

Noch war Zeit, zu setzen. Dietz blickte in die Runde.

Der Mann, der links neben der Eingangstür beim Tischchen am Schaufenster gesessen hatte, erhob sich und kam, den zusammengefalteten *Turf* in der Hand, langsam auf den Schalter zu. Dietz zückte seinen Kopierstift und warf einen fragenden Blick auf den Mann. »Fünfzig Mark Sieg auf Nummer Fünf!« sagte der Wetter und steckte die Wettzeitung in die Außentasche seines Ulsters.

»Nummer Fünf, ‚Prince Charmant'?« fragte Dietz ungläubig zurück. Immerhin verstand er einiges von Pferden, und 50 Mark waren mehr als ein Wochenlohn. Dieser Gaul, das wußte er so sicher wie sonst etwas, war nichts als ein krasser Außenseiter, eine lahme Krücke sozusagen. In achtzehn Rennen erst zweimal plaziert und kein Sieg dabei.

»Ich würde es mir überlegen«, schlug Dietz vor, der den Kunden vor Verlust bewahren wollte. »Nehmen Sie die ,Drei', die bringt bestimmt was!«

Aber nein, der Wetter war nicht zu belehren und legte fordernd den Fünfzigmarkschein hin. Achselzuckend schob der Buchmacher das Billet durch die Schalteröffnung.

Die Klingel schlug erneut an. Die Ergebnisse waren zu erwarten. Das Telefon ging zwei Minuten später. Als der Buchmacher mit gewohnter Hand den Einlauf des vierten Auteuil-Rennens auf das Formular kritzelte, lief es ihm heiß und kalt über den Rücken. Eine Sensation! Es war einfach nicht zu fassen: »Prince Charmant« war Sieger und brachte eine Quote von 180 : 10. Es waren genau 900 Mark, die er auszuzahlen hatte, vier Monatsgehälter eines qualifizierten Angestellten.

Als er die neun blaugrauen Scheine auf die Zahlplatte legte, hatte er das ungute Gefühl, übers Ohr gehauen worden zu sein.

»Nase muß man haben . . .«, grinste der Herr im grauen Ulster, als er das Geld genüßlich zählte – Dietz wurde schier grau vor Ärger – und in die Brieftasche füllte.

Nun, er sollte noch sein blaues Wunder erleben, seine Kollegen nicht minder. Es war geradezu unheimlich, mit welcher nachtwandlerischen Sicherheit seit einiger Zeit gerade bei französischen Wetten immer wieder hohe Gewinne herauskamen. Die Sache konnte nicht mit rechten Dingen zugehen; soviel Glück gab es einfach nicht.

Von seinem Kollegen Löwenberg hatte Dietz gehört, daß in dessen Wettbüro ebenfalls immer ein Kerl erscheine, der ständig kurz vor Annahmeschluß todsichere Wetten abschließe. Manchmal viermal am Tag, und dabei das Tollste: Der Mensch tippte nie daneben!

Schließlich hatte sich Löwenberg geweigert, auch nur noch eine einzige Wette anzunehmen. Und was hatte der Mann kaltlächelnd erwidert?

»Entweder haben Sie ein konzessioniertes Wettbüro und nehmen meine Wetten an – oder ich wende mich an die Gewerbepolizei!« Das war's! Und böse hatte der Unbekannte noch gemeckert: »Wehe, es gewinnt mal einer von uns . . .« Nein, Löwenberg hatte auszahlen müssen, ob er wollte oder nicht.

Es dauerte seine Zeit, bis man sich bei den Buchmachern zu Gegenmaßnahmen entschloß. Aber sosehr man sich auch die Köpfe heiß redete, man kam nicht hinter den Trick. Auffallend war: Es waren immer nur französische Rennen gewesen, und sie wurden jeweils ausnahmslos zu einem Zeitpunkt gewettet, zu dem das eigentliche Rennen bereits gelaufen war, das Ergebnis aber noch nicht in Hamburg bekannt sein konnte. Und immer waren es dieselben Kunden, die die unglaublichen Gewinne erzielt hatten.

Letztlich blieb nur eine Möglichkeit: Die todsicheren Wetter mußten über geheime Verbindungen nach Paris verfügen oder die verschlüsselten Funknachrichten des Wettdienstes von Radio Eiffelturm abhören.

Es war eine harte Nuß, die die Beamten des Spieler- und Wettdezernats zu knacken hatten.

Kriminalwachtmeister Gerken gelang es schließlich, den Anfang des Fadens in die Hand zu bekommen, an dem er die ganze Affäre aufrollen konnte.

Es begann damit, daß er im Wettbüro von Dietz saß und unauffällig den Herrn im grauen Ulster beobachtete, den ihm der Buchmacher bezeichnet hatte. Wie immer sonst auch hatte der Mann seinen Stammplatz am Fenster eingenommen und war ganz in die Rennzeitung vertieft. Immerhin meinte Gerken gesehen zu haben, daß der Geheimnisvolle zur kritischen Zeit – wenn die Rennen in Auteuil oder sonstwo liefen – verstohlen aus dem Fenster linste. Dabei war auf der Straße, von den üblichen Straßenpassanten und Strichmädchen abgesehen, absolut nichts los.

Vielleicht war es Zufall, daß Gerken in diesem Augenblick gerade auf der anderen Straßenseite einen Mann aus einer Kneipe herauskommen sah. Der Mann war etwa einen Meter achtzig groß, trug einen schwarzen Mantel mit Samtkragen und einen Eierkocher, einen Hut also, den die Engländer »Bowler« nennen und der um diese Zeit in Hamburg groß in Mode gekommen war. Der Kerl lüftete den steifen Hut zweimal kurz an – dabei blickte er genau aufs Wettbüro – und verschwand wieder im Lokal.

Als habe er auf dieses Zeichen gewartet, erhob sich der graue Ulster von seinem Fensterplatz, ging an den Schalter, setzte zehn Mark auf die »Zwei« und – siegte.

Der Vorfall war für Gerken Grund genug, sich zwei Tage später in der Kneipe gegenüber auf einen Hocker am Tresen zu setzen. Als er sich das dritte Bier bestellt hatte – schon wieder mal sechzig Pfennig Unkosten –, kam der »Eierkochermann« herein.

»Wie immer?« fragte der Wirt. Der Mann nickte, bekam einen »Grünen« und ein Bier. Nach einer Viertelstunde, es war zwanzig nach drei, ging er ans Telefon.

Gerken hörte, wie er dem Fräulein vom Amt eine Rufnummer aufgab, und kritzelte sie auf seinem Bierdeckel mit.

»Schon was da?« fragte der Unbekannte in den Apparat hinein. Nein, offenbar nicht. Es vergingen drei oder vier Minuten. Immer noch hing der Mann am Apparat, bis er plötzlich die »Manoli« auf den Aschenbecher legte und brummte: »In Ordnung, ich habe verstanden . . .«

Gerkens Spannung wuchs. Er sah, wie der Mann hinausging. Durch das Schaufenster konnte er beobachten, wie er sich harmlos am Hinterkopf kratzte. Und genauso harmlos, als habe er nur einmal frische Luft schnappen wollen, kam er wieder zurück.

Diesmal war die Fünf im Rennen von Lyon der Sieger gewesen. Und der Herr im grauen Ulster hatte – wie immer in letzter Minute – richtig getippt.

Das Weitere war für Gerken und seine Kollegen reine Routine. In der Wohnung eines Herrn Wiese am Strohhause fanden sie das zur Fernsprechnummer gehörende Telefon, mit dem sich der Eierkochermann hatte verbinden lassen. Sie fanden dort auch den dritten Mann vor, der als Funker mit einem Empfänger die verschlüsselten Nachrichten aus Paris abgehört hatte. Der Eierkochermann, er hieß Opfer, wurde wegen seiner Mitwirkung als Verbindungsmann tatsächlich zum Opfer seines Tuns. Da sieht man es wieder: nomen est omen . . .

Wetter und damit Kassierer im raffiniert ausgeknobelten Verfahren war ein Herr Wendt.

Dem sauberen Quartett und vier weiteren Mitgliedern der Bande wurde am 13. Juni 1928 die Rechnung präsentiert: zwischen 4 und 9 Monate Gefängnis für jeden.

Das Sprichwort vom Glück und Glas, das so leicht bricht, traf aber auch auf eine ganz andere Gesellschaft zu, die sich mehr abseits in verschwiegenen Kellern und dubiosen Hinterzimmern mit ebendiesem Glück beschäftigte, und das etwas außerhalb der Legalität: auf die »gelben Söhne des Himmels« vom Land der aufgehenden Sonne.

Diese wendigen und fleißigen Chinamänner waren im Hamburg der zwanziger und dreißiger Jahre keine so fast unbekannte Erscheinung wie heute, wo man sie meist nur noch in einigen – allerdings immer zahlreicher aus dem Boden schießenden – Spezialitätenrestaurants findet. Nein, damals gehörten sie noch inniger zu Hamburg und vor allem zu St. Pauli.

Das hatte einen einfachen Grund: Die Schiffe, Passagierdampfer und elende Trampkästen gleichermaßen, fuhren mit Kohlefeuerung. Und ganz unten im Bauch, in der Hölle vor den Feuerungslöchern, in der Maschine und in den Wellentunnels, waren sie zu finden: als Stoker, Kohlenschlepper oder Schmierer. Zu zwanzig oder dreißig hausten sie in einem elenden, stickigen Logis im Vor- oder Achterschiff – ausgemergelt, mit rotumränderten Augen, von der Hitze ausgedörrt, müde und elend. Kulis.

Billige und willige Arbeitskräfte, die sie waren, schufteten sie auch in der Wäscherei, in der Küche oder auch als Hilfssteward – aber das waren sehr begehrte und schon nahezu aristokratische Posten.

Was aber tat ein Chinamann, wenn er nach langer Reise in Hamburg landete, wenn er von Fähre 7 die Treppen an der Hafenstraße emporstieg, endlich wieder festen Boden unter den Füßen? Suchte er sein Glück in der Herbertstraße, dieser Straße der tausend Freuden? Ging er in die Kleine Freiheit, in die Marienstraße, wo willige

Mädchen nur auf den freundlichen Mann warteten? Nichts von alledem. Er verschwand in irgendeinem Haus in der Schmuckstraße, die damals fast durchweg von Chinesen bewohnt war, tauchte bei irgendeinem seiner Landsleute unter, die sich in Hamburg seßhaft gemacht hatten: hier eine Wäscherei, dort eine Garküche, oft auch ein Grünkramladen.

Die Schmuckstraße war Hamburgs »Chinatown«, das Zentrum der chinesischen Kolonie; aber auch im übrigen St. Pauli waren die Männer aus dem Land des Lächelns anzutreffen: Hafenstraße, Pinnasberg, Bernhard-Nocht-Straße, Davidstraße und in den vielen Nebengassen. Eine Polizeimeldung vom 4. August 1921 gibt einigen Aufschluß über das, was den seefahrenden Kuli zu seinen bienenfleißigen Landsleuten trieb:

»Der Polizei ist bekannt, daß sich in Hamburg eine Reihe von Opiumhöhlen befindet, in denen nicht nur die in Hamburg zahlreich weilenden Kulis und anderen Chinesen, sondern auch Japaner und Deutsche sich dem Genuß dieses Giftes hingeben. Der Polizei gelang es, zwei dieser gefährlichen Stätten ausfindig zu machen, und zwar Hafenstraße 126 und Pinnasberg 77.

Unter dem Deckmantel eines Grünwarengeschäftes bzw. einer Wäscherei waren im Keller versteckt die Lasterhöhlen aufgeschlagen worden und erfreuten sich größten Zuspruchs. Bei der Überholung wurden in beiden Kellern etwa fünfzig Personen vorgefunden. Die Betreffenden lagen bereits im tiefsten Opiumrausch oder wurden opiumrauchend angetroffen. In beiden Opiumhöhlen wurden eine Anzahl Pfeifen, Opiumlampen und Opium selbst vorgefunden und beschlagnahmt. Gegen die Inhaber der beiden

Opiumhöhlen ist eine Untersuchung eingeleitet worden. Die Aufdeckung weiterer gefährlicher Lokale steht bevor.«

Mr. John A. Kahm aus Hongkong wohnte damals in der Großen Marienstraße, und niemand wäre auf den Gedanken gekommen, er könne seinen Kolonialwarenladen zu illegalen Zwecken benutzen, wenn nicht der Verkehr von Chinesen zu umfangreich geworden wäre und die Kripo nicht einen Tip bekommen hätte, daß dort einiges nicht stimme. Die Rauschgiftfahnder machten eine Durchsuchung und fanden soviel wäßrige Opiumlösung, daß diese ausgereicht haben würde, mehr als hundert Menschen zu vergiften.

Etwas später nun, Mitte Oktober 1922, besuchten die Kriminalisten Herrn Ko Yen Kow, der im Hause Schmuckstraße 7 eine obskure Kellerkneipe unterhielt. Es ging auf St. Pauli nämlich die Sage, daß man bei dem ehrenwerten Herrn Kneipenwirt auch Waffen jeder Art bekommen könne. Leider stimmte die Sache: Man beschlagnahmte 19 Dosen mit Opium, 20 leere Opiumdosen, mehrere Armeerevolver, Pistolen und die dazugehörige Munition. An dem Handel hatten sich außer dem Wirt noch seine Landsleute Sock Sung Lang und Herr Kwi beteiligt.

Leider ist nicht berichtet, ob die 59 Dosen Opium, die Anfang Januar 1923 auf dem holländischen Dampfer *Garret* in der Chinesenküche beschlagnahmt wurden, von Herrn Ko Yen Kow verkauft oder für diesen bestimmt gewesen waren. Herr Ko Yen Kow mußte seinen Handel mit sechs Monaten Gefängnis und 150 000 Inflationsmark büßen.

Das Haus Schmuckstraße 7 hatte es auch sonst in sich, denn in der Neujahrsnacht 1925 floß Blut in seinem Mauern. In diesem Hause hatte einer der Söhne des Himmels, Ah Wan, im Erdgeschoß einen Zigarrenladen gepachtet, doch ist es mehr als zweifelhaft, ob dieser kleine Laden auch tatsächlich die Existenzgrundlage für ihn bildete. Herr Ah Wan war nämlich außerdem noch Besitzer des Kellers, eines aus zwölf Räumen bestehenden Labyrinths, das er – durchaus nicht uneigennützig - seinen durchreisenden Landsleuten zur Verfügung stellte. Die Abende in dem finsteren Etablissement des Chinesen waren kurzweilig: Es wurde Opium geraucht und fleißig dem Glücksspiel gehuldigt. Sie nannten es das »Schiko«-Spiel, es war damals sehr in Mode. Auch im benachbarten Chinesenkeller unter der Wäscherei Baruschek in der Schmuckstraße wurde es intensiv geübt.

Nun – die Kurzweil hatte in dieser Neujahrsnacht ein jähes Ende, fand man doch einen der sechs Logiergäste, den sehr ehrenwerten Herrn Wong Chu, gegen 2 Uhr morgens mausetot im Spielzimmer auf. Das launische Schicksal hatte ihn ereilt: Er lag, das Gesicht in einer Blutlache, auf dem Zementfußboden lang ausgestreckt da. Acht Schüsse hatten ihm das Lebenslicht ausgeblasen, ein Messerstich, dicht unter dem linken Auge, hatte ihn gezinkt.

Für die Kriminalpolizei war die Sache sehr schwierig, denn welcher Beamte spricht schon chinesisch? Zudem weiß jeder, daß sich die Chinesen – für einen Europäer wenigstens – sehr ähnlich sehen. Es kam denn auch, um es vorweg zu sagen, nichts dabei heraus. Ah Wan, der Logierherr, wußte nicht das geringste. Gegen 11 Uhr abends war er mit seinen anderen Landsleuten in ein Restaurant in Altona gegangen und hatte Wong Chu mit dem Koch zurückgelassen.

Dieser Koch war nun um 2 Uhr nachts in das Lokal gestürzt und hatte geschrien: »Wong Chu ist tot! Wong Chu ist tot!«

Der Koch wußte auch nicht mehr. Er hatte mit dem dann Ermordeten bis 1 Uhr in seinem Zimmer gesessen, und Wong Chu war, vom Wein und langem Tag müde, in sein eigenes Zimmer übergewechselt. Der Ärmste habe, so der Koch, kaum den Kellergang betreten, als auch schon Schüsse gefallen seien. Voller Angst habe er sich für eine Viertelstunde eingeriegelt und Wong Chu später im Spielzimmer wiedergefunden.

Die Sache blieb unklar. Sie blieb genauso unklar wie der Mord an Chin Yau.

Chin Yau betrieb im Hause Bernhard-Nocht-Straße 81 eine Annahmestelle für »Chinesische Feinwäscherei«, die recht und schlecht ihren Mann ernährte. Er war seit sechzehn Monaten mit einer Deutschen verheiratet, 42 Jahre alt, wohnte aber mit seiner Frau in der Glashüttenstraße, wo sich auch sein Wäschereibetrieb befand.

Am 13. März 1921, es war ein recht kalter Sonntagvormittag, hatte ihn gegen Viertel vor elf einer seiner Landsleute besuchen wollen. Der Landsmann fand die Tür zum Keller unverschlossen, auf seine Rufe meldete sich niemand. Neugierig geworden, öffnete er die an der linken Seite des kleinen Ladenlokals befindliche Tür zur Wohnstube, wo man sich des Abends im trauten Kreise zum Spiel zu versammeln pflegte. Was er sah, war, daß der Mann, den er besuchen wollte, in einer Blutlache vor dem Sofa auf dem Fußboden lag. Chin Yau war tot, er war an mehreren Hieb- und Stichwunden und drei Schußverletzungen gestorben.

Man fand in dem Keller zwei Mauserpistolen, die dem Toten gehört hatten, seine Opiumpfeife, größere Mengen dieses Rauschgiftes und einige Spielgeräte. Es fehlten eine Brieftasche mit 11 000 Mark, eine silberne Uhrkette, eine silberne Uhr, zwei Ringe und ein goldenes 10-Dollar-Stück. Und natürlich fehlte der Täter.

Die Spur wies in den Hafen, wo gerade der Dampfer *Banka* festgemacht hatte. Die *Banka* war einer der Seelenverkäufer, die mit starker chinesischer Besatzung fuhren. Man hatte Beweise dafür, daß Chin Yau mit Angehörigen dieser Besatzung am Sonnabend im Kaffeehaus »Eldorado« gewesen war, denn man fand in seiner Wohnung den Paß des Heizers Lo Ah Yuk von der *Banka.*

Als Inspektor Rehmann am nächsten Tage, dem 14. März, mit seinen Männern das schmutzige und nach allen Wohlgerüchen Asiens duftende Chinesenlogis durchsuchte, fand er im Besitz des Verdächtigen einen blutbefleckten Fünfmarkschein. Loh Ah Yuk wurde, obwohl er abstritt, in Haft genommen.

Die Sache blieb dubios. Sie blieb um so rätselhafter, als man im Bett des Ermordeten bei einer nochmaligen Nachschau drei Pistolen und einige Munition vorfand. Wahrscheinlich hatte Chin Yau als vielseitiger Weltbürger außer dem Betrieb einer Wäscherei, verbunden mit Spielhölle und Rauschgifthöhle, auch noch mit Waffen gehandelt. Auch die Verhaftung eines Mannes aus Bahrenfeld mit dem schönen und echt hamburgischen Spitznamen »Klütje« brachte keinen Erfolg.

Der Verdacht blieb bei Loh Ah Yuk hängen. Doch dieser wies alle Belastungspunkte lächelnd zurück. Rehmanns Bemühungen, die »Chinesische Mauer« zu durchstoßen, blieben vergeblich.

Ein gutes Jahr später, am 31. März 1922, schien sich eine Lösung des Rätsels anzubahnen: An diesem Tage hatten Beamte der Gesundheitspolizei im Keller des Hauses Pinnasberg 74 eine Opiumhöhle ausgehoben. Drei Chinesen, alle noch in tiefem Opiumrausch, wurden festgenommen. Unter ihnen befand sich auch Loh Ah Yuk. Zehn Kilo Opium wurden beschlagnahmt, ein Teil davon war für den Export bestimmt. Aber die Hoffnung hatte getrogen. Wieder kam Rehmann über vage Andeutungen und Hinweise nicht hinaus. Der Mord an Chin Yau blieb ungesühnt.

Hamburg war damals, 1920 bis 1932, ein bedeutender Umschlagplatz des illegalen internationalen Rauschgifthandels, der jedoch nicht nur von den hier ansässigen Chinesen betrieben wurde. Hamburg konnte sich in dieser Hinsicht mit Marseille, Genua und Konstantinopel messen. Die kleinen Mengen freilich, die an Opium und Kokain in Hamburg selbst verbraucht wurden, spielten dabei kaum eine Rolle. Natürlich wurde immer noch in den Kneipen, in den Nachtlokalen mit »Koks« gehandelt – wie das Schnupfkokain im Jargon genannt wurde –, natürlich wurden die kleinen Briefchen – Teekse genannt – mit dem aufputschenden und zugleich zehrenden Stoff in den Bordellen verkauft, wie heute überall Preludin oder Pervitin Mode ist – aber eine erhebliche Gefahr bildete dieser Detailhandel nie.

Die Großen, die Haie – das waren andere Leute, wie wir am Beispiel des Mr. Dolan aus Boston oder des Herrn Del Gracio sehen werden. Das waren Leute, Meister ihres Fachs, die mit solchen Mengen handelten, die auch heute wieder die Rauschgiftexperten vor überaus große Probleme stellen.

Es war im Juni 1926, als sich Schauermann Willi Kröger die Mütze ins Genick schob, in die Hände spuckte und mit seiner Stechkarre unter die Kiste fuhr. Mit gekonntem Schwung drückte er die Griffe hinunter, wendete die Karre und rollte mit seiner Ladung in sanftem Trab über das geriffelte Eisenblech zwischen Waggon und Rampe auf die Schuppenluke zu. »Hallo, Viz!« schrie er dem Mann mit der Liste zu, der zwischen Ballen und Kisten gleich hinter dem Tor stand. »Wohin damit?«

Schuppenviz Mertens warf wie nebenher einen Blick auf die Kiste. »Marshall & Co., Shanghai«, les er. Er verglich die Nummer des Kollis mit der Eintragung im Frachtbrief und dirigierte Kröger mit einer Daumenbewegung nach rechts.

»Siebenmal Steingut nach Shanghai«, rief er ihm nach. »Gleich neben Pfeiler 'C' absetzen!«

»In Ordnung«, winkte der Schauermann ab und verschwand mit seiner Fracht hinter einem Stapel Stückgut.

Willi Kröger machte diese Tour siebenmal, und sicher wäre die Kriminalpolizei Hamburg um einen bedeutenden Fall ärmer geworden, wären nicht bei der letzten Kiste zwei Bretter zerbrochen. Es mag dahingestellt bleiben, ob das nun Absicht war oder nicht. Kröger jedenfalls beteuerte, es sei nichts als eine kleine Unachtsamkeit seinerseits gewesen. Neugierig wie er war, pulte er die herausquellende Holzwolle etwas zur Seite (im Hafen findet man oft sehr brauchbare Dinge . . .), denn es interessierte ihn, was da von Budapest nach Shanghai gehen sollte. Er war enttäuscht. Was er sah, war nichts als kalter, nackter Stein. Kunstsandstein, wie sich herausstellen sollte.

Immerhin war Kröger lange genug Schauermann und im Hafen tätig gewesen, als daß es ihm nicht merkwürdig vorgekommen wäre, daß jemand billigsten Sandstein nach Shanghai schickte. Die Seefracht, so rechnete er, mußte – verdammt noch mal – teurer als der Stein sein.

Er winkte den Vizen herbei. »Edje, kuck mal! Das 's ja 'ne merkwürdige Sache. Nix als billige Grabsteine in die Kisten!«

»Na und?« brummte Mertens. »Geiht uns nix an . . .«

»Aber wer schickt denn Grabsteine nach Shanghai?« wunderte sich Kröger. »Ich hab' noch nie gehört, daß Chinamänner Grabsteine haben.« Er wackelte an den Kisten herum.« Die müßten doch viel schwerer sein; so groß, wie die sind . . .«

Mertens wiegte den Kopf und suchte sich noch einmal den Frachtrief heraus. Absender: Eger & Co., Budapest. Inhalt: Steingut. Na, unter Steingut stellte er sich eigentlich etwas anderes vor. Vielleicht war es kein Schaden, mal den Kommissar Bley vom Hafenkommissariat anzurufen.

Bley, Herrscher über sechsundzwanzig Beamte und drei Barkassen, erschien zwei Stunden später, um sich die geheimnisvollen Grabsteine anzusehen. »Machen wir doch mal so 'n Ding auf«, entschied er. »Aber vorsichtig bitte!«

Mertens, der Schauermann, stand schon mit einem kleinen Kuhfuß parat. Die Bretter knirschten, etwas Holzwolle fiel auf den Betonboden des Schuppens. Kein Zweifel: Grabsteine. Kröger kippte ihn heraus, klopfte dagegen. »Der ist hohl . . .«, behauptete er.

Der Kommissar betrachtete den Block skeptisch von allen Seiten. »In Ordnung – nun mal die Unterseite!«

Vorsichtig legten sie den Stein um. Schön poliert, das Ding. Sauber gearbeitet. Aber dann stutzte Bley: An der

Unterseite war millimetergenau eine Platte aus gleichem Material eingelassen und schön säuberlich mit Zement verfugt.

Kröger sagte nur »Aha!«, und von diesem Augenblick an dauerte es nur knapp zwei Minuten, bis er die Platte entfernt hatte.

Atemlose Spannung, als Bley hineingriff, etwas Holzwolle entfernte und einen kleinen Kanister von der Größe einer kleinen Cornedbeefdose hervorzog. Und dann noch einen Kanister und immer mehr. Genau zweiundachtzig Stück. »Mann Gottes«, staunte Bley, »da habt ihr aber 'ne Nase gehabt!« Mertens griente nur.

Der Kommissar griff in seine Hosentasche und zog ein Taschenmesser hervor. Er klappte den Dorn auf und stach ein Loch in den Kanisterdeckel. »Wollen mal sehn, ob mich meine Ahnung trügt . . .«

Feines weißes Pulver rieselte auf seine Handfläche. Er befeuchtete den linken Zeigefinger und fuhr vorsichtig in die Probe hinein. Nachdenklich leckte er die Fingerkuppe ab.

»Tja, meine Herren«, konstatierte er unbeweglichen Gesichts, »da kann man nur gratulieren. Wenn mich nicht alles täuscht, so ist das bestes Heroin. Genug Rauschgift, um ganze Völkerstämme zu verseuchen . . .«

Nach einer guten halben Stunde hatten sie insgesamt 457 Kanisterchen mit je 250 Gramm Rauschgift beschlagnahmt. Das waren genau zweieinviertel Zentner einer Droge, die im Sommer 1926 mit 2 Mark pro Gramm im Kleinhandel vertrieben wurde. Ware für 228 000 Mark!

Bley suchte den Quartiersmann auf, der die Sendung Steine angenommen hatte. Der gute Mann war nicht wenig überrascht.

»Sehen Sie«, legte dieser ihm die Papiere vor, »ich hatte lediglich Nachricht aus Budapest erhalten, daß ein Beauftragter hier erscheinen würde, um die Ware zu übernehmen und weiterzuleiten. Mehr kann ich Ihnen im Augenblick dazu nicht sagen.«

Bley bat darum, ihn zu benachrichten, wenn der Herr in Hamburg eintreffen würde. Schon zwei Tage später hatte er das Vergnügen, mit Mr. James Dolan aus Boston bekannt zu werden. Leider war Mr. Dolan selbst überrascht und völlig ahnungslos.

»Herr Kommissar«, beschwor er Bley, »man hat mich 'reingelegt! Das Ganze ist eine Niedertracht!« Er berichtete, daß er für eine Häute- und Fellhandlung in Shanghai tätig sei. Dort habe er einen gewissen Dr. Cournel kennengelernt, einen wirklich untadeligen Mann. Er selbst sei dann in die Staaten zurückgereist und von dort auf einen Europatrip gegangen.

»Ich sehe«, blätterte Bley im Reisepaß seines Gegenübers, »Sie waren in Berlin, Paris, Wien und Budapest. Und weiter?«

»Vor etwa vierzehn Tagen traf ich diesen Dr. Cournel in Budapest wieder. Es war der reine Zufall.«

»Sicher . . .«, bestätigte Bley sarkastisch.

Ob er es nun glaube oder nicht – er habe diesem Mr. Cournel davon erzählt, daß er nach Hamburg wolle, und da habe ihn dieser gebeten, er möge sich doch der Sendung Grabsteine annehmen und für die richtige Abfertigung Sorge tragen. Rein aus Gefälligkeit . . .

Der Kommissar grinste. Für ihn war es – um ehrlich zu sein – zu schön, um wahr zu sein. »Leider ist das«, konterte er trocken, »was ich bisher über Sie erfahren habe, nicht gerade sehr erfreulich. Immerhin hatten Sie auch in den Staaten schon mit Rauschgift zu tun, nicht wahr? Und wenn Ihre Weste so blütenweiß wie das Heroin wäre, na schön ...« Er winkte ab.

Mr. Dolan zog vom Hotel Atlantik ins Untersuchungsgefängnis um. Schon Ende Juni 1926 wurde er, nachdem er schließlich hatte zugeben müssen, vom Inhalt der Grabsteine gewußt zu haben, vom Amtsgerichtsrat. Dr. Detlefs wegen Verstoßes gegen das Opiumgesetz zu 5000 Mark Geldstrafe verurteilt. Der Herr aus Boston zahlte und wurde ausgewiesen.

Amtsgerichtsrat Dr. Detlefs war innerhalb der Großen Strafabteilung 2 c Richter für alle Rauschgiftdelikte und kannte seine Pappenheimer. Am 9. Januar 1926 hatte er einen Fall zu verhandeln, der zwar im Hafen – und nicht nur dort - großes Aufsehen erregte, für die Kriminalpolizei aber alles andere als ein Ruhmesblatt war. Es handelte sich um die Sache gegen den früheren Kriminaloberwachtmeister Langemaak und Genossen. Der Fall war eine der sehr wenigen Affären in der Hamburger Kriminalgeschichte, in denen die Behörde gegen ihre eigenen Beamten vorzugeben hatte. In ihrer Bedeutung kann die Sache vielleicht mit dem Fall Bornemann verglichen werden, der nach dem Zweiten Weltkrieg seine Kreise bis in die Spitzen der Behörde zog.

Langemaak hätte es, das ist sicher, nicht nötig gehabt, krumme Dinger zu machen. Da er zu den eifrigsten und tüchtigsten Beamten gehörte, über die die Kriminalpolizei damals verfügte, war ihm eine gute Karriere sicher. Als Oberleutnant und Kompanieführer aus dem Weltkrieg zurückgekehrt, war er nach Einarbeitung dem Kriminalrevier Brooktor zugeteilt worden. Das war sein Unglück, wenn auch durchaus nicht unverschuldet. Seit jeher war der

Hafen vor allem in wirtschaftlich schlechten Zeiten ein Eldorado für Schmuggler und Diebe gewesen, und da vom Brooktor aus fast alle Hafenangelegenheiten bearbeitet wurden, konnte es nicht ausbleiben, daß er, dem zu alledem die berufliche Erfahrung fehlte, in engen Kontakt zu Leuten kam, von denen er besser mehr Distanz gehalten hätte. In den Jahren kurz nach dem Kriege, während der Inflationszeit, mochte man auch bei der Polizei noch manchmal ein Auge zugedrückt haben, doch spätestens 1924 war es damit vorbei. Die Mark hatte wieder ihren festen Wert, Entschuldigungen gab es nicht mehr.

Für seine kriminelle Tätgkeit kam dem Beamten die berufliche Kenntnis über die Stellen, an denen im Freihafen Rauschgifte gelagert wurden, zustatten. Dafür ein Beispiel: Er hatte erfahren, daß im Verteilerschuppen an den Elbbrücken Kokain lagerte. So verpflichtete er einen Barkassenführer, die Elbe hinauf bis zum Schuppen zu fahren. Mit einem Brecheisen verschaffte er sich Einlaß und entwendete 3 Kisten Kokain zu je 25 Kilo. Die Kisten wurden in die Barkasse übernommen und mit der Angabe, es handele sich um beschlagnahmtes Gut, ins Zollinland gebracht.

Aber dabei blieb es nicht. Er riß auch einen seiner Kollegen in seine dunklen Geschäfte hinein, dem die Verwaltung des Asservatenraumes am Brooktor, des Raumes also, in dem die beschlagnahmten Waren aufbewahrt wurden, unterstand. Langemaak verschaffte sich den Schlüssel dazu und ließ auch aus den ordnungsgemäß beschlagnahmten Beständen große Mengen Rauschgift verschwinden.

In die Affäre waren insgesamt 12 Personen verwickelt. Sie erhielten zum Teil langjährige Zuchthausstrafen.

Die wohl bedeutendste Rauschgiftaffäre platzte im Dezember 1931 auf.

Im Simplon-Expreß hatte man einen gewissen Herrn Del Gracio unter verdächtigen Umständen verhaftet. Bei Durchsuchung seiner Papiere ergaben sich Hinweise auf ein internationales Schmugglerkonsortium. Wie sich unschwer feststellen ließ, arbeitete Herr Del Gracio mit einem Afghanen namens Moses zusammen, der wiederum in Berlin lebte. Die Berliner Kripo verhaftete den Afghanen, die weitere Spur führte nach Hamburg.

Kriminalkommissar Thomas vom Berliner Rauschgiftdezernat machte sich auf den Weg an die Elbe, denn er hatte die Absicht, einige interessante Ladungen, die sich noch in den Hafenschuppen befinden mußten, zu inspizieren. Tatsächlich stöberte er in Zusammenarbeit mit dem hiesigen Rauschgiftdezernat mehrere Kisten auf, deren Inhalt als »Metallfarben« deklariert war. Man fand darin 250 Kilo, also 5 Zentner Morphium. Als man weiterforschte, stieß man in einem Hafenspeicher auf mehrere Kisten, die 650 Kilo Heroin enthalten sollten, Zu aller Überraschung stellte sich leider heraus, daß sie anstelle des Rauschgiftes Maschinenteile enthielten. Die Täter hatten nur einen Fehler gemacht: Sie hatten die Maschinenteile in Zeitungspapier gewickelt, das aus dem Oktober 1931 stammte, trotzdem die Kisten schon viel früher in den Schuppen eingelagert worden waren.

Das Rauschgift selbst war und blieb verschwunden, wahrscheinlich war es in die USA gelangt. Daß es sich um riesige Mengen gehandelt haben mußte, ließ sich dadurch nachweisen, daß Moses einer Hamburger Firma allein 20 000 Mark für Abfertigungskosten und Transportgebühren überwiesen hatte. Der Weg solcher illegalen Sendungen war sehr verzwickt: Das hier noch sichergestellte Morphium war beispielsweise in Würfelform von Istanbul abgegangen und nach Marseille verschifft worden. Dort wurde es nach Paris umdeklariert, von wo aus die weiße Fracht nach Hamburg gegangen war.

Eine Reihe von Verhaftungen wurde vorgenommen. Einer der Haupbeteiligten, der Grieche David Gourovidis, konnte erst 1935 verhaftet und am 16. November 1935 zu zwei Jahren Gefängnis verurteilt werden. Leider ist nicht berichtet, wie die Angelegenheit für Herrn Del Gracio ausging.

Mitte der dreißiger Jahre ließ der illegale Rauschgifthandel stark nach, soweit Hamburg darin eine Rolle spielte. Unter den neuen Herren im Braunhemd war die Sache zu gefährlich geworden. Immer mehr verschwanden die Opiumkeller auf St. Pauli. Vielleicht wurde da und dort in Lokalen, zu denen kein Weißer Zutritt hatte, noch einmal ein Pfeifchen Opium geraucht. Was tat's ...

Heroin und Kokain waren fast völlig vom illegalen Markt verschwunden. Hamburgs Chinamänner lebten von der Wäscherei, dem Gemüsehandel oder ihren vortrefflichen Restaurants. Zu alledem hatte sich der Zulauf an Kulis erheblich vermindert. Immer mehr Motorschiffe wurden gebaut, die Feuerlöcher vor den Kesseln gehörten der Vergangenheit an, und die deutschen Reedereien wurden verpflichtet, auf deutschen Schiffen in erster Linie deutsche Seeleute zu beschäftigen.

Die Zeiten wurden schlecht für die gelben Söhne des Himmels. Soweit es ihnen nicht geglückt war, noch vor Ausbruch des Zweiten Weltkrieges wieder in ihre Heimat zurückzukehren, hatten sie ihr Los mit der übrigen Bevölkerung zu tragen. Zu ihnen gesellte sich im Laufe der Kriegsjahre eine immer stärker werdende Gruppe solcher Landsleute, die als Besatzungsmitglieder versenkter englischer Schiffe in deutsche Internierung geraten waren. Diese durften sich in Hamburg niederlassen und bei ihren hier ansässigen Landsleuten Wohnung nehmen.

Es ist leicht einzusehen, daß diese Internierten von ihrem Schicksal nicht sehr begeistert waren und alles versuchten, wieder in ihre Heimat zu gelangen. Das war leichter gesagt als getan. Aber es fand sich eine Möglichkeit: Das Chinesische Konsulat in Berlin durfte alten und kranken Chinesen Ausreisepapiere ausstellen. Als Mittels- und Vertrauensmann fungierte in Hamburg Chong Tin Lam, der am Hamburger Berg auf St. Pauli eine Gaststätte betrieb. Das war den Hamburger Behörden und auch der Gestapo bekannt.

Die zur Auswanderung Vorgesehenen reisten nach Berlin und wurden von dort, mit ausreichenden Papieren versehen, über den von deutschen Truppen besetzten Balkan in die Türkei weitergeleitet, von wo aus sie in ihre Heimat gelangen konnten. Grundbedingung war jedoch, daß sich diese chinesischen Staatsbürger nicht wieder am Krieg gegen Deutschland beteiligen.

Aber wie so oft spielte auch hier das liebe Geld eine verhängnisvolle Rolle. Es hatte sich nämlich unter den Chinesen herumgesprochen, daß sie beim Eintreffen in der Türkei beim englischen Konsul ihre doppelte Kriegsheuer vom Zeitpunkt der Versenkung ihres Schiffes an ausgezahlt erhielten, und das war oft eine Menge Geld.

Als nun Ende Februar 1944 die Gestapo noch erfuhr, daß eine Anzahl der ausgereisten Chinesen wieder in englische Dienste getreten war, war dieser Umstand ganz und gar nicht nach ihrer Mütze. Kommissar Schweim, dem die Chinesen ohnehin unheimlich waren und der sie im Verdacht hatte, für die Westmächte zu spionieren, beschloß ein Exempel zu statuieren. Für den 13. Mai ordnete er die Festnahme aller in Hamburg wohnhaften Chinesen an. In einer großen Aktion wurden unter Hinzuziehung der Schutz- und Kriminalpolizei in den frühen Morgenstunden dieses Tages etwa 130 Chinesen festgenommen und in das Gefängnis Fuhlsbüttel gebracht. Chong Tin Lam und einige andere wurden nicht gerade liebevoll behandelt. Was Schweim freilich zu erfahren gehofft hatte, daß nämlich eine organisierte Abwanderung in »Feinddienste« bestehe, konnte er trotz monatelanger Vernehmungen der Festgenommenen nicht erreichen. Die es hätten beweisen können, befanden sich in Sicherheit, und die es wußten, hatten allen Grund zu schweigen.

Im Spätsommer 1944 wurden alle Chinesen ohne jede gerichtliche Verurteilung in das Arbeitslager »Langer Morgen« in Wilhelmsburg überstellt, das der Gestapo unterstand. Im Gegensatz zu den Konzentrationslagern war die Einweisung in ein Arbeitslager befristet. Die übliche Haftdauer betrug – von Ausnahmen abgesehen – sechs bis acht Wochen. In erster Linie wurden dort ausländische »Fremdarbeiter« untergebracht, deren Arbeitsleistung oder Disziplin, nach Maßstäben der Nazis gemessen, zu wünschen übrigließ. Aber auch Deutschen, die durch Bummelei, Herumstreunen oder Müßiggang oder auch durch »Störung des Arbeitsfriedens« mißliebig aufgefallen waren, wurde dort beigebracht, wie man an der »Heimatfront« zu kämpfen hatte. In der Praxis freilich unterschied sich das Arbeitslager wenig vom Konzentrationslager. Eines aber war sicher: Wer einmal bereits in ein Arbeitslager eingewiesen worden war, hatte bei einem Rückfall keine Milde mehr zu erwarten. Das KZ war ihm sicher.

Die Bewachung bestand neben einigen aktiven SD-Leuten zum größten Teil aus dienstverpflichteten Männern und einer Gruppe Kosaken, von denen bekannt war, daß sie sich besonders stark an Mißhandlungen ihrer wehrlosen Opfer beteiligten. In der Hauptsache waren die Arbeitshäftlinge beim Gleisbau der Reichsbahn, in der Wilhelmsburger Ölindustrie und in einem Betonwerk in Billstedt eingesetzt. Die militärische Zucht war mindestens ebenso groß, wie die Verpflegung knapp war.

Der Hunger, die unzureichende Bekleidung, die Kälte und die schwere Arbeit, der die körperlich schwachen Chinesen nicht gewachsen waren, hatten denn auch zur Folge, daß innerhalb weniger Monate 17 von 165 ingesamt dort in Haft gewesenen Chinesen verstarben. Ein großer Teil der Überlebenden wurde durch die Chinesische Alliierte Kommission nach dem Krieg repatriiert, ein kleiner Teil blieb in Hamburg zurück.

DIE INDISCHE HEILPRAXIS UND DIE HAARDIAGNOSEN DES HERRN BUCHHOLZ

Es ist eine alte Weisheit, daß die beste Krankheit nichts taugt. Unbestritten ist aber auch, daß es trotz allem Leute gibt, die von Ärzten nichts halten. Da sich nun aber jeder Mensch im Laufe seines Erdendaseins mit allen möglichen Gebrechen herumschlagen muß, bleibt dann nichts anderes, als sich entweder selbst oder durch Hilfe anderer zu kurieren.

Da sind zunächst einmal die Ärzte, die »darauf studiert« haben und eifersüchtig auf ihren Stand sehen. Unter ihnen gibt es wiederum einige, die nach Ansicht mancher Mediziner etwas abtrünnig geworden sind und es mehr mit Samuel Hahnemann, dem Urvater der Homöopathie, halten. Das mag nicht jedermanns Sache sein, aber unbestritten hat auch dieses Stiefkind der Heilkunde seine Verdienste. Schließlich aber gibt es, helfen alle Ärzte, Medizinen und Pillen nicht mehr, noch die Volksmedizin.

Sie spukt vor allem auf dem Lande, auch heute noch: Dort, nahe beim geheimnisvollen Urquell der Volkskraft, sind sie zu finden: alte Schäfer, weise Kräuterweiblein; ja – sogar Geisterbeschwörer, Hexenbanner und Seher sind immer noch gefragt. Einige brachten es zu Ruhm, Ansehen und Geld, wie der Schäfer Ast aus Radbruch bei Lüneburg, der in diesem Kapitel noch eine kleine Nebenrolle spielen wird; anderen gelang der große Durchbruch nicht.

Seltsam, daß auch der Großstadtmensch, von dem man annehmen sollte, er sei einigermaßen aufgeklärt und allem Firlefanz abhold, unter bestimmten Umständen und – wie es scheint, zu bestimmten, dem Wunderglauben günstigen Zeiten – durchaus geneigt ist, es einmal mit den »geheimen Kräften« zu versuchen. Wenn auch die große Masse der Wunderdoktor-Klienten dem einfältigen Volk entstammt, so kennt doch die Kriminalgeschichte Fälle, in denen sich auch die hochgestellte Gesellschaft in den Sprechzimmern solcher Wundermänner ein Stelldichein gab. Zu den berühmtesten aller Wunderheiler gehörte unzweifelhaft der in den zwanziger Jahren in Berlin tätig gewesene Joseph Weissenberg, der die Leute mit weißem Käse kurierte und so etwas wie einen Kult daraus gemacht hatte. Unvergessen ist auch der Wunderdoktor Gröning aus der Zeit um 1950, der damals in Hamburg einige Tage in der Kurfürstenstraße praktizierte und es mit Stanniolkugeln hatte, die von magischer Kraft erfüllt waren.

Nicht mit weißem Käse und nicht mit Stanniolkugeln machte es ein pfiffiger Naturheilkundiger, der in den ersten Tagen des Jahres 1928 vor dem Amtsgericht in Hamburg stand. Herr Kiep, so hieß der Mann, war im Laufe seiner Tätigkeit zu der Überzeugung gelangt, daß dem vor allem morgens so beliebten Hamburger Rundstück noch andere Eigenschaften als die eines Sättigers und Magenfüllers innewohnten. Er meinte sogar, die Heilkraft eines Rundstücks sei um so größer, je mehr es an Frische eingebüßt habe. Ganz vortrefflich seien zähe, alte Brötchen für alternde Menschen geeignet, bei denen Verfallserscheinungen schon deutlich sichtbar seien. Da es Herrn Kiep jedoch klar war, daß auch Rentner trotz aller Appetitlosigkeit nicht nur von Semmeln leben konnten, beschränkte er die Kur auf einen, allenfalls zwei Tage in der Woche, und so waren an diesen Tagen außer den heilkräftigen Rundstücken nur noch Tabletten, Pflanzensäfte oder Süßweine zugelassen.

Es versteht sich, daß nun nicht jeder Saft oder jeder Wein der Gesundheit dienlich sein konnte. Zu den trockenen Brötchen gehörten einige Schlückchen – je mehr, desto besser – eines ganz besonderen Elixiers, das unter dem Namen »Kieperol« später gerichtsnotorisch wurde. Dieses »Kieperol« wiederum stellte ein geschäftstüchtiger Apotheker aus 63 Kräutern, etwas Südweinen und Eisenzusatz her. Die Unkosten betrugen, wie man hören konnte, I Mark und 50 Pfennig; als fertiges »Kieperol« ging es für 10 Mark über den Ladentisch. Das Rezept für die Leidenden kostete noch einmal 50 Mark, so daß man dafür Verständnis aufbringen wird, wenn die Patienten, die sich nichts anderes als Hungergefühl oder Verstopfung einhandelten, böse wurden und Anzeige erstatteten.

Der gute Herr Kiep freilich hatte Glück. Wenn auch der Sachverständige, Physikus Dr. Holm, es als ein Unding bezeichnet hatte, bei alten Leuten die Nahrungszufuhr einzuschränken, wenn er auch die Diagnosenstellung als unmöglich bezeichnet hatte und der Staatsanwalt wegen Betruges und Wuchers auf 5 Monate Gefängnis plädiert hatte, so kam das Gericht doch zu einem Freispruch. Der milde Richter hatte gemeint, der Angeklagte habe an den Erfolg seiner Methode geglaubt und sei daher aus subjektiven Gründen freizusprechen. Als Kiep das Verdikt hörte, weinte er bitterlich ...

Sehr viel ernster war der Fall einer Dame, die zwanzig Jahre in Hamburg praktiziert hatte und in der Gegend des

Schwanenwiks ein »Institut für Od-Behandlung« unterhielt. Unter einem »Od« versteht der Parapsychologe die angebliche Ausstrahlung des menschlichen Körpers, es ist auch die Kraft, derer sich beispielweise die Pendler und Rutengänger bedienen.

Frau Jaaks-Müncheberg, so hieß die strahlenkräftige Dame, war in den siebziger Jahren des vorigen Jahrhunderts geboren und hatte sich 1895 als Kindermädchen nach London verdingt. Dort war ihr das Schicksal in Gestalt eines Wundermannes aus dem fernen Indien begegnet. Noch im gleichen Jahre entdeckte der Geheimnisvolle wundersame Kräfte bei ihr, und so ließ sie sich willig und in aller Stille durch den »Entdecker und Meister« unterweisen.

Die Unterweisung war von Erfolg, denn im Jahre 1906 ließ sich die nunmehr Erleuchtete samt ihrer aus dem Lande des Brahmaputra und Ganges auf sie übertragenen Kräfte in Hamburg nieder. Sie rappelte sich, wie man so sagt, recht bald nach oben. Das Volk lief ihr zu, die Praxisräume waren mit allem erdenklichen Luxus ausgestattet, und schließlich zog sie in die vornehme Gegend am Schwanenwik.

Ihre tägliche Kasse war nicht unbedeutend: jeweils 100 bis 150 Mark (das wären heute etwa mindestens 500 täglich) erlaubten ihr, sich schon damals ein eigenes Auto zu halten, mit dem sie ihre Privatkundschaft besuchte.

Gerichtsnotorisch wurde ihre Tätigkeit, als Anfang Mai 1926 die Frau eines Brauereivertreters bei ihr erschienen war und sie gebeten hatte, eine schmerzhafte Fußerkrankung ihres Mannes zu heilen. Sie sah sich – immerhin hatte sie zwanzig Jahre Praxis hinter sich – den Mann und den Fuß an und versicherte, sie werde den Kranken vermöge der ihr innewohnenden Kräfte heilen.

»Aber die Ärzte haben eine Amputation angeraten«, warf die verängstigte Ehefrau ein. »Meinen Sie, daß das noch zu heilen ist?«

»Die Ärzte«, erwiderte sie verächtlich, ». . . das ist doch nur so eine Schweinebande, die auf das Geld aus ist. Wenn ich Ihnen sage, daß das zu heilen ist, dann können Sie sich drauf verlassen. Ärzte verstehen von den Kräften der Seele nichts.«

Verständlich, daß der Mann froh war, daß er sein Bein behalten konnte; verständlich auch, daß er die 20 Mark für jede Behandlung gern zahlte. Sein Bein war es ihm wert.

Frau Jaaks-Müncheberg erschien jede Woche. Als sie zum siebenten Male aufkreuzte, hatte sich das Bein dunkelrot verfärbt und sah sehr böse aus. »Es ist vielleicht besser, wir ziehen einen Arzt hinzu«, meinte sie kleinlaut. Der Kranke kam ins Wandsbeker Krankenhaus. Das Bein wurde amputiert.

In der Verhandlung, die nicht ohne Komik war, war es unmöglich, sich über das Wesen der Heilbehandlung ein Bild zu machen. Die Zeugen, zumeist gläubige Frauen, waren von allem möglichen geheilt: Ischias, Nierensteine, Mittelohrentzündungen und sogar Schußverletzungen. Nichts gab es, was die heilkräftige Dame vom Indus nicht konnte.

Der Vorsitzende war sehr neugierig.

»Nun sagen Sie mal, beste Frau: Wer war und wie heißt der Inder?«

Die etwas zur Fülle neigende Angeklagte, die Augenlider indigniert nach oben geschlagen: »Man nennt nicht die Namen der Meister! Er hat mich gelehrt, mein geistiges Ich weiterzubringen!«

»Ihr was?«

»Mein geistiges Ich!«

Schweigen.

»Worin bestand die Ausbildung?«

Darauf, etwas ungehalten: »Im Märchenerzählen!«

Fröhliches Gelächter im Gerichtssaal. Der Richter, ratlos zum Verteidiger blickend, klopfte auf den Tisch, fragte:

»Wenn Sie nun einen Kranken ansahen, erkundigten Sie sich da nicht über die Verhältnisse? Ich meine: über die Vorgeschichte und so . . .?«

»Nein. Meine okkulten Kräfte wirken sehr stark. Sie absorbieren die Gifte im Körper des Kranken und zerstören sie.«

Da gab der Vorsitzende auf. Gegen Humbug und Aberglauben schien kein Kraut gewachsen, schon gar nicht im Gerichtssaal. Das hinderte ihn aber nicht, Frau Jaaks-Müncheberg wegen Betruges zu 6 Monaten Gefängnis zu verurteilen.

»Mundus vult decipi« – Die Welt will betrogen sein.

Ob dieses Sprichwort auf die vielen Patienten zutrifft, die in den zwanziger Jahren Hamburgs berühmtesten Wunderdoktor aufsuchten, wird man mit Fug und Recht bezweifeln können. Sicher ist, daß die Tausende, die ihn konsultierten, Heilung erwarteten. Sicher ist auch, daß ein großer Teil seiner Patienten zu ihm kam, weil er sich von den Ärzten aufgegeben oder nicht richtig behandelt fühlte; ebenso sicher ist auch, daß ihm viele des reinen Wunderglaubens wegen zuliefen. Ihn, den heilkräftigen Wundermann, umgab die Gloriole einer geheimen Kraft, einer übernatürlichen Wissenschaft gewissermaßen, seit alten Zeiten umstritten, immer wieder aber durch neue Kunde bestätigt. Niemand war in der Lage, sich seine angeblichen Erfolge zu erklären; immer wieder tauchten überraschende Gerüchte über Heilungen auf.

Ging ihm nicht der Ruf voraus, bei dem Größten aller Großen, bei dem legendären Schäfer Ast aus Radbruch, seine Kunst erlernt zu haben? Und praktizierte nicht immer noch der Sohn des alten Schäfers dort draußen am Rand der Heide, fuhren nicht täglich Hunderte dort hinaus? War nicht doch etwas dran an dieser Haardiagnose?

Ernst Julius Buchholz, geboren am 5. August 1897 in Warstade bei Neuhaus an der Oste, war, so hatte er oft genug erklärt, von seinem Können überzeugt. Und er hatte es, davon waren wiederum seine Patienten überzeugt, oft genug bewiesen. In seiner Praxis im Hause Danziger Straße 58 drängten sich die Menschen ...

Buchholz, Sohn eines Schneiders, war mit 11 Geschwistern, von denen 4 Brüder ebenfalls den Beruf eines Krankenbehandlers ausübten, in bescheidenen Verhältnissen aufgewachsen. Er hatte die Volksschule besucht und den Beruf seines Vaters erlernt. Während des Ersten Weltkrieges war er vorübergehend zum Militär eingezogen worden, aber nicht ins Feld gekommen.

Er war ein kräftiger, untersetzter Mann, wendig und mit einer gewissen Bauernschläue in seinen Äußerungen, vermied es aber, selbst zu schreiben. Zu seinen Patienten war er jovial, manchmal in ländlich-deftiger Art etwas barsch, oft auch – vor allem bei armen Leuten – in finanziellen Dingen großzügig.

Sein Gebiet war, wie wir schon wissen, die Haardiagnose. Sie bestand, wie er in einer frühen Vernehmung im Jahre 1922 einmal ausgeführt hatte, darin, daß er

Krankheiten durch eine Untersuchung der Nackenhaare feststellte. Für diese Untersuchungen, so sagte er, dürfe jeder nach eigenem Belieben vergüten. Auch behandle er chronische innere Leiden durch »Sympathie«, zu allem verschreibe er Medikamente, die sich die Patienten selbst aus den Apotheken zu besorgen hätten.

Die Untersuchung der Haare nahm er mit einer gewöhnlichen, in jedem Kaufhaus erhältlichen Lupe vor. Wie sich später herausstellte, hatte das von ihm benutzte Instrument lediglich eine anderthalbfache Vergrößerung.

Seine medizinischen und anatomischen Kenntnisse waren, wie der psychologische Sachverständige Professor Buchholz – ein Namensvetter übrigens und mit ihm nicht verwandt – in einem Gutachten vom 5. Juni 1927 festgestellt hatte, außerordentlich, ja geradezu erschreckend dürftig. Um es noch krasser auszudrücken: Er hatte kaum einen Schimmer von der menschlichen Anatomie. Als der Gutachter ihm deshalb auf den Zahn fühlen wollte, hatte er jegliche Unterhaltung mit dem Bemerken abgelehnt, er lasse sich »nicht verexaminieren«.

Die »Kunst« hatte ihm sein Onkel Ernst Buchholz in Sellsingen, der wiederum ein Adept des berühmten Schäfers Ast gewesen war, kurz nach dem Ersten Weltkrieg beigebracht. Später hatte er bei seinem Bruder Willy in Groß-Sottrum als Diagnostiker gearbeitet. 1921 ließ er sich in Maschen nieder und zog im März 1923 nach Hamburg, wo er im April 1924 für 34 000 Mark ein Wohnhaus in der Gurlittstraße kaufen konnte. Das war, zumal die Inflation gerade vorbei war, sehr erstaunlich.

Ernst Julius Buchholz hatte seine erste Praxis in der Brüderstraße 20 im zweiten Stock betrieben, wo er täglich von 9 bis 17 Uhr zu sprechen war, und dieses natürlich auch brieflich, denn er stellte auch Ferndiagnosen. Weil er aber weder einen Gewerbeschein noch eine Genehmigung der Medizinalbehörde hatte, erhielt er deshalb ein Strafmandat. Es war, soweit sich aus den Akten ersehen läßt, seine erste Begegnung mit der Polizei.

In den folgenden Jahren wurde es ärger. Laufend gingen bei der Kriminalpolizei und den Gesundheitsbehörden Meldungen ein, die zu erheblichen Bedenken gegen seine Tätigkeit und zum Teil zu Strafverfahren führten.

Es war im Januar 1923, als in Wilhelmsburg eine Frau und ihre drei Kinder an Botulismus erkrankten und einen Arzt zu Rate gezogen hatten. Dieser hatte die Frau angewiesen, zum Krankenhaus zu gehen. Aber eine Nachbarin wußte es besser. Sie wußte die Frau zu überreden, den Wunderdoktor Buchholz zu konsultieren. Freilich: Die Frau konnte, von der Krankheit geschwächt, nicht selbst gehen. So händigte sie der Bekannten die Nackenhaare der Familie aus, ließ die Frau damit zu Buchholz fahren, der einige Medizinen verordnete. Ein paar Tage später war eines der Kinder verstorben . . .

Eine andere Frau war, da sie sich krank fühlte, auf den Rat einer Bekannten – auch hier erkennt man deutlich die Wirksamkeit der Flüsterpropaganda – zu Buchholz gegangen, der sie mit drei anderen Patienten gemeinsam im Sprechzimmer abfertigte. Er schnitt ihr einige Haare aus dem Nacken, verschrieb ihr 3 Flaschen Medizin aus der eigenen Apotheke, dazu noch 3 Pflaster und schickte die Frau nach Hause. »In drei Wochen sind sind sie gesund und haben neun Pfund zugenommen«, prophezeite Buchholz.

Die Frau wurde nicht gesund, nahm auch kein Gramm zu. Eine spätere Untersuchung durch einen Arzt: Die Frau litt an einem schweren Lungenleiden.

Im September 1924 hatte sich eine Frau Hannemann an die Gesundheitsbehörde gewandt und Beschwerde über Buchholz geführt. Er hatte ein Leiden als harmlos diagnostiziert, das sich später als gefährliche Oberschenkelgeschwulst herausgestellt hatte.

Buchholz' Tätigkeit wurde langsam zu einem Ärgernis, wenn nicht gar zu einer Gefahr. Immer häufiger meldeten sich im Universitätskrankenhaus Eppendorf frühere Kunden von Buchholz, und das meist erst nach Monaten, wenn die Wunderdoktorkur nicht angeschlagen hatte.

Oberarzt Dr. Reye beschloß, Buchholz auf die Probe zu stellen. Er ließ, es war im September 1924, die Nackenhaare einer an Lungentuberkulose verstorbenen Frau abschneiden und verteilte sie an vier Assistenzärzte. »Gehen Sie zu Buchholz und lassen Sie sie untersuchen!«

Das Ergebnis war deprimierend: Von Tuberkulose war keine Rede.

Ein anderer Arzt, Dr. Kankeleit, hatte Buchholz schon im Sommer 1923 aufgesucht und ihm die Haare eines seiner Patienten vorgelegt, der an Neuralgie der rechten Gesichtshälfte litt, im übrigen aber gesund war.

Buchholz nahm seine Lupe und hatte nach zwei Minuten seine Diagnose gestellt. »Der Mann hat Leberkrebs«, sagte er, »und einen ausgelaufenen Magen. In zwei Monaten ist er tot!«

Nun wollte Kankeleit es ganz genau wissen. Er schickte Bekannte mit den Haaren des gleichen Patienten zu dem Wundermann, und in jedem Falle kamen die Zeugen mit verschiedenen Diagnosen zurück.

Ein Zeuge Penschow, der Buchholz aufgesucht hatte, wurde von ihm mit der Feststellung »Kein Zucker« fortgeschickt, obwohl unmittelbar darauf ein sehr hoher Zuckergehalt im Urin ermittelt wurde.

Ein sehr übler Fall war der des Zeugen Ball, der Buchholz die Haare seiner Frau vorgelegt hatte. Zum Schrecken des Mannes behauptete Buchholz, daß die Frau sehr schwer unterleibsleidend sei und sofort operiert werden müsse. Ergebnis: Die Frau war nahezu gesund, auf keinen Fall aber unterleibskrank.

Die Zahl der Fehldiagnosen war Legion.

Legion aber war auch die Zahl seiner Patienten, die sich nicht mit Sicherheit feststellen ließ. Für das Jahr 1926 wurde sie mit etwa 400 pro Tag angegeben, ungerechnet die Briefe mit Haaren für »Ferndiagnosen«. Im Durchschnitt wurden ihm für jede Konsultation 2 oder auch 3 Mark gezahlt, in weniger zahlreichen Fällen 4 oder 5 Mark. Ein Tausendmarkschein war bei ihm pro Tag durchaus drin ...

Das waren natürlich Einnahmen, die ein Arzt bei weitem nicht erreichen konnte, und so argumentierte Buchholz in seiner Verteidigung unter anderem auch damit, daß er eben wegen seines Erfolges – auch des finanziellen Erfolges – ständig von Ärzten verfolgt würde. Eigentlich aber müßten ihm die Mediziner dankbar sein, denn in nahezu allen Fällen habe er seine Klienten nach stellen der Diagnose an ihm bekannte Ärzte verwiesen. Diese Angabe stimmte sogar, und sie führte auch dazu, daß er später in der Berufungsverhandlung relativ gut davonkam.

In seiner Hauptverhandlung vom 1. November 1926 hatte er besonderes Glück: Er wurde freigesprochen. Das Erstaunen war groß. Es war besonders groß deshalb, weil sich das Gericht nicht auf die Frage eingelassen hatte, ob eine Haardiagnose medizinisch überhaupt möglich oder vertretbar sei. Es führte – und die interessante Begründung sei hier wörtlich wiedergegeben – wie folgt aus:

»Buchholz konnte daher (wegen seines immer größeren Zulaufs) zu dem Glauben kommen, er verfüge über die von ihm behaupteten Fähigkeiten ... Jedenfalls sah sich das Gericht nicht in der Lage, eine bewußte Bösgläubigkeit des Angeklagten im Hinblick auf die von ihm behaupteten Fähigkeiten festzustellen.

Wenn dieses Ergebnis auch von einem großen Teil der wissenschaftlich ausgebildeten Mediziner bedauert werden mag, so möge es doch darauf hinweisen, daß das Problem tiefer als auf strafrechtlichem Felde gesucht und einer Lösung entgegengeführt werden muß. Gerade auch von medizinischer Seite ist die Tätigkeit des Angeklagten als ‚Ärzteverteilungsstelle', bezeichnet und damit auf eine Tatsache hingedeutet worden, die einer Erklärung bedarf. Wie ist es möglich, daß heute eine große Anzahl sich krank fühlender Menschen, besonders in den unteren Schichten des Volkes, solche Personen wie Buchholz aufsucht, obwohl dieser nach seiner eigenen Angabe gar nicht in der Lage ist, konkret das Krankheitsbild zeichnende Diagnosen zu geben oder selbst irgendwie kompliziert liegende Sachen zu behandeln, so daß er in sehr vielen Fällen die Leute zu Ärzten weitergeschickt hat.

Der Grund dieser Tatsache liegt in einer weitverbreiteten Vertrauenskrise zur ärztlichen Wissenschaft. Diese wird nicht behoben werden können, wenn sich nicht die herrschende Schulmedizin entschließen sollte, mit derselben Exaktheit der Methode, mit der sie zu forschen gewohnt ist, sich auch Phänomenen zuzuwenden, die bisher als ‚übersinnliche' und demgemäß nichtexistent abgelehnt worden sind. Im Volke unten lebt dumpf der Glaube an solche Möglichkeiten; Leute wie Buchholz verdanken diesem Glauben ihren Erfolg.«

Die Staatsanwaltschaft legte, wie nicht anders zu erwarten war, Berufung ein. Sie war nunmehr fest entschlossen, gegen Wunderglauben und Scharlatanerie mit schwerem Geschütz aufzufahren. Die Berufungsverhandlung begann am 16. November 1927. Es marschierten die früheren Zeugen auf, alles wiederholte sich. Dann aber, am 19. November, platzte die Bombe: Auf Antrag der Staatsanwaltschaft sollte Buchholz seine Kunst im Krankenhaus St. Georg demonstrieren.

Vergeblich hatte der Wundermann, hatte auch sein Verteidiger versucht, sich dagegen zu wehren. Umsonst. Wie eine schwere Gewitterwand, die den einsamen Wanderer auf weitem Felde unentrinnbar überfällt, erhob sich das Unheil über ihm.

Die Professoren Dr. Ringel und Dr. Hegeler hatten 63 Kranke ausgesucht, bei denen die ärztliche Diagnose zweifelsfrei feststand. Diese Kranken wurden dem Wunderdoktor in Abwesenheit der Professoren vorgestellt, und unter atemloser Spannung des Auditoriums schnitt Buchholz – Schweißperlen auf der Stirn – den Patienten die Haare aus dem Nacken, betrachtete sie durch seine kleine, vom Onkel ererbte Lupe und stellte seine Diagnosen. Der Hörsaal war voll besetzt, man hätte eine Stecknadel auf den Fußboden fallen hören können. Nach zwei Stunden war die Vorstellung, die um 3 Uhr nachmittags begonnen hatte, vorbei.

Buchholz versagte völlig. Von allen 63 Kranken stellte er in keinem Fall eine richtige Diagnose. Das Protokoll sah – hier ein Auszug – so aus:

Patient Nr.	Name	Diagnose Buchholz	Ärztliche Diagnose
206	A. A.	Stoffwechselkrank, linke Lunge empfindlich	Gebärmuttergeschwulst, alte Syphilis
215	H. W.	Verdauungsstörungen, blutarm	Doppelseitige Nierenbeckenentzündung, Blasenentzündung
330	H. M.	Dickdarmschwellung, dadurch Blutleere im Gehirn	Syphilis im 3. Stadium, Dickdarm gesund, Blutdruck normal
321	M. G.	Ernährungsstörungen, Anlage zur Englischen Krankheit	Sekundäre Syphilis, äußerlich sichtbar, keine Symptome von Rachitis.
110	A. N.	Unterleibsleiden, rheumatisches Nervenleiden	Schwerer Nabelbruch, sonst ganz gesund
301	E. M.	Schärfe im Blut	Verengung der Harnröhre, leichter Blasenkatarrh, sonst gesund
211	L. B.	Verdauungsstörungen, re. Lunge empfindlich, daher blutarm	Schwangerschaft im 5. Monat, rechtsseitige Nierenbeckenentzündung. Lunge gesund, keine Verdauungsstörungen.
306	H. B.	Nierenverschleimung, Schärfe im Blut	Geschlechtskrankheit, Niere gesund
33	C. D.	Lungenverschleimung auf Magen und Darm geschlagen.	Herzklappenfehler, sonst gesund

Das Gericht kam zu völlig anderen Feststellungen als die Vorinstanz. »Die Besucher des Angeklagten«, so führte es im Urteil aus, »stammen in ihrer großen Mehrzahl aus den Kreisen des einfachen Volkes. Sie erwarten von dem Angeklagten, daß er ihnen allein auf Grund der Haarbetrachtung mit Sicherheit sagen kann, was ihnen fehlt. Sie wollen wissen, welches Organ krank ist und welcher Art die Erkrankung ist ... Der Angeklagte weiß auch, daß solche zuverlässigen Gegenleistungen für das Entgelt der Besuche von ihm erwartet werden.«

Aber, so führte der Vorsitzende aus, Buchholz habe die erwarteten Leistungen nicht gezeigt.

»Es erscheint dem Gericht völlig ausgeschlossen, daß ein Mann wie der Angeklagte, der zugegebenermaßen über keinerlei Kenntnis auf anatomischem oder physiologischem Gebiete verfügt und sich nur einer einfachen Lupe mit ganz schwacher Vergrößerung bedient, solcher Erkenntnisse aus den Haaren fähig sein sollte, derer er sich rühmt. Es bedarf daher keiner abschließenden Beurteilung des wissenschaftlichen Streites, der auf dem Gebiete der Haardiagnose herrscht, um den Unwert der Haardiagnose, so wie sie der Angeklagte übt, festzustellen.«

Er, Buchholz, verfüge weder über Hellsehergabe noch über übersinnliche Kräfte. Seine Diagnosenstellung sei oft nicht mehr als eine »Sammeldiagnose« gewesen, die durch Angabe mehrerer Krankheiten auch mehrere Deutungen zulasse, wodurch wiederum erklärlich sei, wenn er manchmal das Richtige treffe. Gelegentliche Treffer seien auch dadurch zu erklären, daß schon aus Alter, Geschlecht, Ernährungszustand, Gesichtsfarbe, Geruch, aus den Augen, der Haltung und der Bewegung manche Krankheiten auch ohne Haardiagnose erkannt werden könnten. »Man kann den Kranken oft gleichsam ‚ansehen', was ihnen fehlt.«

Die Wahrscheinlichkeitsrechnung – durch Schäfer Ast, seinen Onkel oder die eigene Praxis erworben – tue ein übriges. »Wüßten aber die Besucher, daß seine Haardiagnose nur Spiegelfechterei ist und seine Fähigkeit, Krankheiten zu erkennen, auf ganz anderen natürlichen und auch erfahrenen Ärzten eigenen Gaben beruht, so würden sie nicht daran denken, ihn für eine solche Leistung zu bezahlen ... Dies weiß Buchholz nach der Überzeugung des Gerichts ganz genau.«

Glaubte aber Buchholz an seine Fähigkeit, wäre er also subjektiv freizusprechen gewesen? Nach Ansicht des Gerichts konnte Buchholz nicht der Überzeugung sein, aus den Haaren etwas erschen zu können, was nicht da war. Sein ganzes Verhalten im Prozeß sprach gegen eine Gutgläubigkeit. Er hatte es abgelehnt, sich über seine Fähigkeiten zu äußern, er hatte es weiter abgelehnt, sich einer Prüfung bezüglich seiner Heilkundekenntnisse zu unterziehen, ja – er hatte noch in der Hauptverhandlung versucht, sich dem für ihn katastrophalen Versuch zu entziehen.

»So wie sich der Angeklagte in diesem Verfahren verhalten hat, so verhält sich kein Mann, der seiner Fähigkeiten sicher ist, sondern nur jemand, der wohl weiß, daß seine Diagnosenstellung jeder Zuverlässigkeit entbehrt.«

Wenn also Buchholz somit an seine eigenen Fähigkeiten nicht glaubte, war er auch wegen Betruges schuldig zu sprechen.

Urteil: 5 Monate Gefängnis und 15 000 Mark Geldstrafe.

Was machte es, daß das Gericht ihm zugute gehalten hatte, daß das wundergläubige Volk ihm die Sache sehr erleichtert und für ihn Propaganda gemacht hatte – er war in Hamburg erledigt. Er zog nach Berlin, wo er sich in der Potsdamer Straße 66 neu etablierte. Seine Diagnosen stellte er nicht mehr allein: Er arbeitete mit einem Arzt zusammen. Der berühmte Verteidiger Dr. Alsberg half ihm, daß die Gefängnisstrafe in eine Geldstrafe von 15 000 Mark umgewandelt wurde. Aber: Gibt's nun doch eine Haardiagnose? Oder nicht?

ERNST HANNACK
GESCHICHTE EINES RÄUBERS

Wenn man, von Barmbek kommend, die heutige Bramfelder Straße entlangfährt, passiert man etwa zweihundert Meter hinter der Kreuzung Habichtstraße die Brücke der Walddörferbahn. Nur wenige Meter hinter der Brücke zweigt links die Heinrich-Helbing-Straße in Richtung Steilshoop ab. Auf der platzartigen Erweiterung, heute Heinrich-Helbing-Platz, befand sich früher eine größere dreiekkige Verkehrsinsel, die inzwischen der neuen Zeit zum Opfer gefallen ist. Ampeln und breite Asphaltbahnen haben das Bild bis zur Unkenntlichkeit verändert. Mitten auf dieser Verkehrsinsel nun, zwischen Bäumen gelegen, betrieb im Sommer 1928 Franz Rose, ein kräftiger Mann von 41 Jahren, einen Gemüsehandel in einem kleinen viereckigen Verkaufspavillon. Rose war für frische, preiswerte und gute Ware bekannt, bezog er doch einen großen Teil davon durch die zahlreichen Gemüsebauern seiner Bramfelder Umgebung.

Dem Roseschen Pavillon genau gegenüber erhob sich, zwischen niedrigeren Bauten gelegen, ein hohes, dreistöckiges Wohnhaus aus der Gründerzeit. Ein mächtiger Lindenbaum verdeckte damals den Blick auf die oberen Stockwerke. Links unten, gleich neben der Eingangstür, befand sich hinter einem Ladenvorbau von etwa 4 Metern Breite und einem hohen, mit drei Oberlichtern versehenen Schaufenster, die Filiale der »Westholsteinischen Bank«.

Die Geschäfte dieser Zweigstelle wurden mit Ausnahme der Monatsenden von einem einzigen Mann erledigt. August Bienwald, geboren am 26. Februar 1879 in Wesselburen, pflegte pünktlich morgens um halb neun zu erscheinen. Er war ein mittelgroßer, untersetzter, kräftiger Mann, bei der Kundschaft wegen seiner Freundlichkeit gut angesehen. Eine in jungen Jahren erlittene Unfallverletzung hatte ihn zwar in seiner Beweglichkeit behindert, doch war es ihm gelungen, sich bis zum selbständigen Filialleiter hochzuarbeiten.

Das Geschäftslokal war einfach, aber zweckmäßig eingerichtet: Der vordere, etwa 6 Meter tiefe Raum war im vorderen Drittel durch eine Tonbank geteilt. Zwei schlichte Stühle und ein Schreibpult dienten dem Publikum. Hinter der Tonbank stand links die Kopierpresse, daneben der Schreibtisch mit dem Telefon; in der rechten hinteren Ecke, vom Tresen aus unerreichbar, der Geldtisch mit dem halbrunden Drahtgitterschutz, in dem der Tagesbedarf an Geld aufbewahrt wurde. Durch die Mitte der hinteren Querwand führte eine Tür in den kleineren Geldschrankraum. Gleich rechts hinter der Tür stand der übermannshohe Tresor mit seinen Schließfächern und Anlagen für die Kassenbücher.

Der 27. Juni 1928 begann für Bienwald wie jeder andere Tag auch: Als er erschien, hatte Frau Freitag, die Reinemachefrau, bereits mit der Arbeit begonnen. Sie besaß einen Schlüssel zu den Räumen, und wie immer war ihre erste Tätigkeit gewesen, die dicken Holzluken vor dem Fenster des Geldschrankraums abzunehmen und rechts und links vom Fenster abzustellen. Sie hatte zuerst den Publikumsraum gesäubert, sich dabei mit Bienwald unterhalten, der zwischendurch zwei Bauern und einen Geschäftsinhaber abgefertigt hatte, und war um halb zehn nach Hause in ihre Wohnung gegangen.

Es war genau Viertel vor elf, als Rose in seinem gegenüberliegenden Pavillon einen Schuß fallen hörte. Er blickte, unschlüssig, ob der Knall von der Bank oder aus dem links daneben liegenden Zigarrengeschäft von Struck gekommen war, aus der Verkaufsluke. Schon wollte er sich wieder an die Arbeit machen, als er Bienwald aus dem an der linken Hausseite gelegenen Fenster des Geldschrankzimmers springen sah. Der Bankvorsteher schrie ihm irgend etwas zu und wies auf einen Mann, der fünf bis sechs Schritte links vom Pavillon stand und den Rose bis dahin nicht bemerkt hatte.

»Halt ihn!« hörte Rose rufen. »Das ist er!«

Rose machte einen Satz zur Tür, blieb aber erschrocken stehen, als der Unbekannte einen Revolver aus der Hosentasche zog und ihm zurief: »Scheren Sie sich weg, Mann! Hauen Sie ab!«

Im gleichen Moment, als ihn seine Frau ängstlich in den Pavillon zurückzog, sah er noch, wie der Mann einen Schuß auf den Kassierer abgab. Der Bankbeamte lief – kreidebleich, wie Rose später aussagte – zurück und kletterte wieder durch das Fenster in die Geschäftsräume.

Um ein Haar wäre Struck, der Zigarrenhändler, in die Affäre hineingeraten. Er hatte gerade sein in der Nähe liegendes Geschäft verlassen, um sich aus der Bank etwas Wechselgeld zu holen, als er Bienwald dort auf dem Bürgersteig stehen sah und rufen hörte: »Hilfe, Hilfe! Ich bin überfallen worden!« Gleichzeitig fielen zwei Schüsse aus Richtung des Pavillons. In der Aufregung aber hatte er weder die Täter gesehen, noch wußte er, wo Bienwald verblieben war. Er rannte in sein Geschäft und rief Dr. Nissen, den Arzt, an; dann die Polizei und die Filiale der Bank in Wandsbek.

Zur gleichen Zeit hatte der Kaufmann Robert Behrmann aus Ochsenzoll mit seinem Motorrad an der Einmündung der Heinrich-Helbing-Straße gehalten. Neben ihm stand der Fuhrunternehmer August Hosien, den er nach Hause gebracht hatte; Hosien betrieb gleich nebenan einen Fuhr- und Kohlenhof. Sie waren mitten in angeregter Unterhaltung, als Behrmann den Unbekannten sah, der Rose gerade in den Pavillon zurücktrieb und einen Schuß abgab. Plötzlich drehte der Mann sich gegen die beiden und schrie: »Gehen Sie weg!«

Behrmann glaubte, es mit einem Verrückten zu tun zu haben, und schickte sich an, mit dem Motorrad auf ihn zuzufahren, doch da schoß der Kerl auf ihn. Hosien rettete sich mit einem Sprung hinter einen Baum. Er sah aber noch, wie ein zweiter Mann in Richtung zur Heinrich-Helbing-Straße flüchtete.

Auch Ernst Junge, der sein Friseurgeschäft zwei Häuser rechts von der Bank hatte, hatte den Schuß gehört und war aus seinem Laden gelaufen. Er sah zwei Männer, einen Größeren und einen Kleineren, über die Fahrbahn in Richtung zur Helbingstraße und weiter in die dort befindlichen Kleingärten hineinlaufen. Der Größere schoß mehrfach, darunter auf Rose und Hosien.

Noch bevor der Bramfelder Landjägermeister Pein eintraf, waren Rose und Junge durch das seitliche Fenster in die Bank gestiegen. Bienwald lag auf dem Boden, Blut floß aus seiner Schulter. Der Verletzte krümmte sich,

Ein letztes Treffen zwischen dem „Lord“ und Hannack bei der Johanniskirche endete mit einem dramatischen Schußwechsel. Hatte der „Lord“ seinen ehemaligen Komplizen bei der Polizei verpfiffen?

Die „Finkenbude" in der Finkenstraße auf St. Pauli – berühmt-berüchtigter Treffpunkt der Unterwelt zwischen den Weltkriegen.

stöhnte vor Schmerzen, sprach aber kein Wort. Sie öffneten ihm die Oberkleidung, durchschnitten den Kragen des Hemdes. Dr. Nissen, der kurz darauf erschien, fand ihn noch lebend vor. Helfen, das sah er, konnte er ihm nicht mehr. Fünf Minuten später war Bienwald verstorben...

Bramfeld-Hellbrook, damals noch ganz ländliche Gemeinde, gehörte zu Preußen. Die Brücke der Walddörferbahn, keine hundert Meter vom Tatort entfernt, war die südliche Grenze. Zuständig war damit nicht die Hamburger Polizei, sondern die Mordkommission bei der Kriminaldirektion des Preußischen Polizeipräsidenten Altona Wandsbek mit dem Sitz in Altona. Sie bestand aus Kriminalrat Weier, Kriminalkommissar Nullmeyer, den Kriminalassistenten Nörenberg, Holz und Möller.

Weier war durch eine Reihe großer Mordfälle bekanntgeworden, so vor allem durch die Mordsache Dr. Fink, die zu den bedeutendsten Fällen der Hamburger Kriminalgeschichte gehörte, hier aber nur erwähnt werden kann.

Als Weier und Nullmeyer den Tatort besichtigten, fanden sie hinter dem Windfang der Eingangstür eine 9-mm-Patronenhülse von einer Armeepistole 08. Das Schutzgitter auf dem Wechselgeldtisch war geöffnet, der Tisch selbst mit lose umherliegenden Geldscheinen übersät, der Fußboden voller Scheine und Hartgeld. Vor der Tür zum Tresorraum lag eine der Holzklappen, die sonst neben dem Fenster abgestellt wurden. Der Geldschrank war geöffnet, etwa 60 cm über dem Fußboden fand sich an der rechten Geldschranktür die Einschlagspur eines Geschosses. Das Geschoß selbst, durch die Wucht des Aufpralls plattgedrückt, fand sich unter dem Tisch, neben dem der Tote lag. Eine Überprüfung des Kassenbestandes ergab, daß etwa 4 500 Mark geraubt worden waren.

Die Zeugen konnten die Beschreibung von zwei Männern geben: Der eine, 25 Jahre alt, bis zu 1,80 Meter groß, schlank und bartlos, mit schmalem Gesicht, hatte einen guten dunkelbraunen Sakko-Anzug getragen, dazu »weiße Wäsche« und einen dunklen Schlapphut. Er war der Schütze.

Der andere war etwas älter, vielleicht nur 1,70 Meter groß und von kräftiger, untersetzter Figur, trug einen graugelben Anzug, ebenfalls »weiße Wäsche« und eine dunkelblaue Schirmmütze.

Die Fahndung ging an alle Dienststellen in Hamburg, Harburg, Wandsbek und Altona. Der Hamburger Sender der NORAG brachte vor dem Abendprogramm des 28. Juni außerdem im »allgemeinen Kriminalrundfunk« eine Nachricht über den Mord. Die Zeitungen wurden unverzüglich unterrichtet.

Erste Hinweise gingen ein, doch einen Verdacht gab es noch nicht. Ein Herrenfahrrad mit hohem Rahmen, Gesundheitslenker und »Stoßfangvorrichtung« an der Vordergabel gab die erste Spur. Offenbar hatten es die Täter bei ihrer Flucht in der Nähe der Bank stehenlassen. Ein kleines Schild wies zum Fahrradhändler Thodt am Schwanenwik 14. Thodt – heute eine bekannte Firma – betrieb damals neben dem Verkauf und der Reparatur von Fahrrädern noch eine Fahrradvermietung, denn der Besitz von Fahrrädern war 1928 durchaus noch eine Angelegenheit etwas bemittelter Kreise. Und wer sich den Luxus eines eigenen Fahrrades nicht leisten konnte, lieh sich ein solches gegen eine geringe Gebühr.

»Ja«, erwiderte Thodt, als ihm Nullmeyer das sichergestellte Fahrrad vorführte, »das war Montag, vorgestern also. Da kam ein Mann – er sah eigentlich ganz ordentlich aus – und brachte mir sein eigenes altes Rad zur Reparatur. Hier ist es...« Er wies auf eine verrostete Karre mit gelben Holzfelgen und gelben Schutzblechen. »Er hat sich bei mir für einige Tage ein Ersatzrad geliehen. Ich habe mir den Namen notiert, er mußte mir ja quittieren...«

Thodt holte eine fleckige Kladde und blätterte zwei Seiten zurück. »Hier ist es: Kojus, Harburg, Eddelbütteler Straße 26.«

Es gab keinen Mann namens Kojus, sondern nur einen Arbeiter ähnlichen Namens dort. Der Mann – die Beschreibung des jüngeren Täters paßte auf ihn – wurde festgenommen. Alles schien schon gut anzulaufen, zumal der Festgenommene ein erhebliches Vorstrafenregister hatte, da stellte sich die Spur als falsch heraus.

Nörenberg, der Erkennungsdienstmann, der die Skizzen angefertigt und die Fingerabdrücke gesichert hatte, war auch noch nicht weitergekommen. Unermüdlich suchte er die Einzelfingerabdrucksammlung auf einen passenden Vergleich durch. Nichts. Er war zum Verzweifeln.

Die erste brauchbare Spur kam aus Hamburg. Sie kam von einem Mann, der sich schon in vielen Fällen erhebliche Verdienste erworben und nicht zuletzt auch in der Verbrecherwelt einen Namen gemacht hatte. Wir kennen ihn schon aus der Komödie des Fürsten von Schliewen: Kriminalkommissar Ramming.

Ramming, der Mann mit den sagenhaften Beziehungen zum »Mileu«, hatte sich am Tage nach dem Mord auf seine »Rundreise«, wie er zu sagen pflegte, begeben. In einer Kneipe in der Erichstraße traf er einen Mann.

»Tag, Herr Ramming!«

Der Kommissar stutzte, wußte nicht, woher er den Unbekannten kannte.

»Soll Ihnen was bestellen von Emmy. Sagt, Sie müssen sie unbedingt besuchen. Es ist ganz was Wichtiges!«

Emmy war eine »einschlägige« Dame mit viel Wissen. Sie wohnte in der Nähe der Fuhlentwiete, und Ramming wußte: Wenn sie mal was hatte, dann war es auch danach.

»Na«, sagte Emmy, als sie sich begrüßt hatten, »weißt du auch, wer in der vorigen Woche den Raubüberfall auf die Sparkasse am Mühlendamm gemacht hat?«

Ramming erinnerte sich: Zwei bewaffnete Ganoven hatten versucht, die Sparkasse von 1864 am Mühlendamm auszurauben, waren aber entkommen. »Nee«, schüttelte er den Kopf. »Noch nichts gehört . . .«

»Nee? – Dann will ich dir's sagen: Ernst Hannack und Ernst Külsen.«

Er erfuhr von ihr, daß ein bekannter Hehler, gerade aus dem Knast gekommen, Hannack am Abend des Mühlenkamp-Überfalls am Sternschanzenbahnhof getroffen hatte. Dabei hatte Hannack sich die Hose seines braunen Sakko-Anzuges zerrissen.

»Und weißte, wer auch so'nen braunen Sakko-Anzug anhatte?«

Ramming dachte nach.

»Der Räuber von Bramfeld?«

Genau das war es. Die Beschreibung konnte stimmen. Die paar Schritte von der Fuhlentwiete zum Stadthaus lief er fast, rannte er die Treppen zum Erkennungsdienst empor, ließ die Akten ziehen. Eine Viertelstunde später bestand für ihn kein Zweifel mehr: Die beiden Raubmörder von Bramfeld waren Hannack und Külsen.

Ramming war in seinem Element, die Jagd konnte beginnen. Natürlich teilte er den Altonaern den Sachverhalt mit, aber seine Quellen behielt er vorerst für sich.

Die einzig ernsthafte Konkurrenz hatte er in Kommissar Glaeser vom Fahndungskommando und in dessen Mitarbeiter, Kriminaloberwachtmeister Lechner. Die beiden hatten ebenfalls nicht geschlafen.

Lechner hatte schnell herausgefunden, daß Külsen in der Bartholomäusstraße gewohnt haben sollte. Er suchte den Logisgeber auf. Eine windige Wohnung, darin ein recht undurchsichtiger Mann von 30 Jahren. Er fragte.

Ja, er kenne den Külsen schon seit 1923, und nachdem »Erni« im April aus dem Knast gekommen sei, habe er ihn bei sich aufgenommen. Seit dem 27. Juni aber sei er spurlos verschwunden.

Ob Külsen was vorgehabt, ob er viel Geld ausgegeben habe, wollte Lechner wissen.

»Na ja, er hat mir gesagt, für ihn käme nur ein Bravourstück mit Revolver in Frage. Sein Freund und früherer Komplize, der wollte ja mitmachen. Der soll auch immer einen Knacker bei sich tragen, weil er gesucht wird. Und die Eltern seines Freundes wohnen in Amerika oder Argentinien. Dahin wollen sie dann abhauen. Der Freund hat auch 'ne Braut.«

»Geht die anschaffen?« fragte Lechner.

»Glaube schon, weiß aber nicht genau . . .«

»Und dann?«

»Am 12. oder 13. Juni hat mir Külsen einen Browning mit sieben Patronen gezeigt. Da habe ich zu ihm gesagt, er soll lieber arbeiten und nicht solche Dinger machen. Er hat doch schon ‚Qualm' genug. Am nächsten Tag erschien Külsen wieder, da hat er mir gesagt, daß er in der

Deutschen Bank Leute beobachtet hat. Er wollte irgendeinem, der viel Geld abgehoben hat, nachschleichen und ihn überfallen.«

»Hat er das gemacht?«

»Nee. Er war dann am 14. Juni mit seinem Freund unterwegs. Das war nachmittags. Was sie gemacht haben, weiß ich nicht. Aber am nächsten Morgen, da holte er sich eine Zeitung vom Zeitungsstand an der Mundsburger Brükke. Das kam mir komisch vor. Er liest sonst keine Zeitung. Ich guckte mit 'rein, und da las ich von dem Raubüberfall am Mühlenkamp. Ich habe ihm gleich gesagt: ‚Das paßt aber auf euch, das Ding! Und die Personenbeschreibung erst!' Da hat mich der Külsen nur groß angeguckt und gelächelt.«

»Und was hast du dir dabei gedacht?«

»Na, daß die beiden das Ding gedreht haben. Hab' ich ja schon gesagt!« Er machte eine kurze Pause. Lechner wartete, bis er wieder begann.

»Nach drei Tagen kam Erni zu mir und sagte: ‚Willi, ich hab' kein Geld mehr. Laß uns die Kanone verkaufen!' Das haben wir dann auch gemacht. In einem Geschäft am Johannisbollwerk habe ich sie für neun Mark verscheuert.«

»Auf deinen Namen?« fragte Lechner ungläubig.

»Natürlich nicht. Ich habe gesagt: Ernst Meincke, Bachstraße 38, II.«

»Du weißt doch, wer Ernst Meincke ist?« fragte Lechner.

»Klar. Der sitzt doch grade im Knast wegen der Raubsache Popper in Lokstedt. Der hat acht Jahre. Da macht's ihm ja nichts aus. Aber mit dem Revolver, da hat mir der Külsen am nächsten Tag noch erzählt, sein Freund habe gewaltigen Stunk gemacht, weil der Revolver verkauft war. ‚Na', hat der Külsen gesagt, ‚der soll sich bloß nicht so anstellen, der hat ja noch zwei andere.'

Am 27. Juni ist Külsen morgens von mir los und hat gesagt, er will zum Hochbahnhof Mundsburg. Er wollte seinen Freund treffen. Sie hätten in Preußen was vor, da sei die Polizei nicht so scharf und weniger Betrieb. Am Nachmittag ist er nicht wieder zurückgekommen, obwohl er das wollte. Da denke ich mir, daß die das Ding in Bramfeld gedreht haben . . .«

Lechner war zufrieden. Aber auch Ramming war nicht erfolglos gewesen. Er hatte sich Hannacks Hehler an die Fersen geheftet und herausgefunden, daß sich dieser Dunkelmann in der Nacht zum 2. Juli mit den beiden Flüchtigen getroffen hatte. Hannack, so erfuhr Ramming, wollte zum Abschluß noch ein ganz großes Ding drehen und dann endgültig verschwinden. Irgendwie, so hörte er, ein Raub auf eine Eisenbahnstation, und dann nur noch mit Maske oder Augenbinde.

Vorläufig kam er allerdings nicht weiter. Er hatte zwar auch die Geliebte des Hannack ermitteln können, aber auch sie, die »Schwarze Anni«, 23 Jahre und gut aussehend, blieb verschwunden. Sie hatte guten Grund, denn sie wurde bereits steckbrieflich gesucht.

Die Flüchtigen waren wie vom Erdboden verschluckt. Auch die 300 »Rotplakate«, wie sie in klassischem Amtsdeutsch hießen, die Weier am 13. Juli bei Hammerich & Lesser in Altona hatte drucken lassen, halfen nicht weiter; halfen genausowenig voran, wie die rotumränderten Eilbriefe, die er nach Kopenhagen, Amsterdam, Zürich und Genua hinausjagen ließ. War das Trio schon über die Grenzen entwischt? Oder stimmte es, daß Hannack mit seiner Braut, der »Schwarzen Anni«, im Lokal von Timmermann in der Altonaer Straße gesehen worden war? Stimmte es, daß er auf St. Georg übernachtet hatte, daß er seinen makabren Erfolg in der »Rosenlaube« in der Brennerstraße gefeiert hatte? Stimmte es auch, daß er, wie Spitzel berichtet hatten, dort geprahlt habe: »Wenn mich einer schnappen will – ob das nun 'n Beamter ist oder 'n Zivilist – den knall' ich ab; und die letzte Kugel, die jag' ich mir selbst in den Kopf!«?

War der Brief, den Staatsanwalt Haartje in Altona am 21. Juli aus Berlin erhielt, nur ein Ablenkungsmanöver?

»Sehr geehrter Herr Staatsanwalt«, hatte Hannack geschrieben. *»Ich habe etwas Ruhe gefunden nach den Tagen, die hinter mir liegen. Ich habe vor drei Tagen einen Brief geschrieben, Sie werden ihn wohl erhalten haben? Was ich Ihnen zu sagen habe ist das, das Werden zu neuen Verbrechen; diejenigen Taten, die hinter mir liegen sind damit gemeint.*

Wie bin ich dazu gekommen? Von wann datieren meine ersten Einbrüche?

Ich hatte geschworen: nie wieder den alten Weg. Wie ging das nun alles vor sich?

Die Grundlage, worauf dieses alles ruht, ist die Paßfrage. Ich wurde am 1. 6. 1927 aus dem Zuchthaus entlassen. Nach drei Wochen meiner Entlassung kam meine Mutter aus Amerika. Meine Mutter riet mich dauernd zu, mit nach drüben zu fahren. Diese Absicht, nach meinen Angehörigen zu fahren, hatte ich schon vor Jahren im Zuchthaus verankert. Meine Mutter kam also. Dann gingen wir beide zum Paßbüro. Ich holte mir auf meinen Namen einen Paß. Da kam die Katastrophe mit dem Sittenattest

(Führungszeugnis). Ich mußte die letzten fünf Jahre unbescholten sein. Meine Mutter fuhr alleine wieder zurück. Ich blieb hier.

Wie meine Mutter noch hier war, machte ich schon den ersten Einbruch in einer Villa. Ich brauchte Geld. Am Hafen horchte ich herum und wollte als blinder Passagier fahren. Ich kaufte falsche Seefahrtspapiere; aber es war nichts zu machen, ich hatte keine Erfahrung. Zweimal lernte ich Seeleute kennen, die sich als Heizer vorstellten. Ich war betrogen worden und wurde dabei mein Geld los. Ich ging einbrechen, um Geld zu besitzen, wenn sich die Gelegenheit bietet. Diese Tage und Wochen sind furchtbar in der Erinnerung, auf welch tragische Weise ich die Heimat verlassen wollte.

Furchtbarer Haß umkrallte meine Seele, wie ich so umherirrte. Gekennzeichnet – das sah ich Tag und Nacht. Da kam das furchtbare Heimweh. Und dann ließ es mir keine Ruhe mehr, mit allen Mitteln das Land meiner Sehnsucht zu erreichen.

Im ganzen hatte ich dreimal mit Pässen Fiasko. Das größte Fiasko war der Tag in Altona. Wenig berechnet, haben mir die Pässe mit allem, was da an und dran hing, acht- bis zehntausend Mark gekostet. Monate Tag für Tag in der Hafengegend. Leute kennengelernt, doch keiner hat es ehrlich gemeint. Die Wertgegenstände, wie Brillanten, sind in diesen acht bis zehntausend Mark mit einberechnet. Sie haben mich ausgezogen nach Strich und Faden. Dann klappte das noch nicht, dann mußte der Steuermann noch unterrichtet werden, dann mußte der und der noch geschmiert werden – und so ging das Tag für Tag. Ich gab und gab.

So wurde die Einbruchszahl immer höher. Dafür mußte ich stehlen und einbrechen gehen, daß ich mein Ziel erreichte. So ging es denn bis Datum Schöffke. Und dann die Katastrophe. Und jetzt zweitausend Mark Belohnung.

Trauen Sie mir alles zu, Herr Staatsanwalt – aber den Mann habe ich nicht getötet. Die Sparkasse Mühlenkamp habe ich auf dem Gewissen. Glauben Sie es mir: In solchen Augenblicken kämpft der Verbrecher einen furchtbaren Kampf; das nennt die Sensation Bravour. *Alles Lüge; Wahnsinn ist es in solchem Augenblick. Der Vorgang so einer Tat ist nicht normal.*

Ich schildere so einen Raub von mir als etwas, (als) ein Ding, was ich in normalen Zustande gar nicht fassen kann. Ich empfinde es, als wenn ein Idiot so auf einen zukommt. Vielleicht ist dieses bei anderen Räubern nicht der Fall, für mich aber furchtbar.

Sie haben nicht immer Recht, Herr Staatsanwalt. Sie können solche Taten wohl kritisieren, aber nicht den psychischen Vorgang beurteilen; das kann ich selber nicht mal.

Wie ich draußen war, da hatte ich meine Sinne wieder auf den richtigen Punkt. Ich wußte doch wenigstens, daß ich die Leute bange machen mußte. Dadurch kam ich dann ja auch weg. Ich entsinne mich eines Radfahrers, der mich verfolgte. Ich habe ihn immer gewarnt, er soll sich nicht um mich kümmern. Er ließ aber nicht von seinem Vorhaben, bis ich dann doch in dem Gewirr von Barmbek entkam.

Glauben Sie mir, Herr Staatsanwalt, die Waffe trage ich im Grunde nur gegen mich. Ich kann keinen Menschen 'runterschießen, nicht meinen größten Feind. Mich selber zu erschießen habe ich viel Mut. Es ist furchtbar; glauben Sie es mir um mein Herz.

Ich habe diese Zeilen deshalb geschrieben, weil mein Weg weit weg führt, nach Deutschland nie wieder zurückkehre und dieser furchtbare Weg nicht meine Schuld, sondern mein Schicksal war.

Mit Hochachtung
Ernst Hannack

Es ist fast tröstlich, zu wissen, daß nicht nur ehrliche Leute, sondern auch Gauner von Gaunern begaunert werden. Der Fluch der bösen Tat verfolgt ihn, den großen Räuber und Einbrecher; die Meute der kleinen Kläffer fordert von ihm, dem gejagten und gefürchteten Wolf, ihren Tribut. So ist das Ganovenleben: in Wahrheit nicht fröhlich und lustig. Es ist vielmehr das: Angst, Hetze und Verzweiflung. Haß, so umschreibt er bildreich, umkrallt seine Seele. Er zahlt und zahlt, er stiehlt und stiehlt. Bis zum Datum Schöffke, bis in die Unendlichkeit, immer wieder.

So ist dieser Brief – Beichte und Entschuldigung, Frage und Antwort zugleich – mit all seinen stilistischen Mängeln ein Dokument. Er ist auch ein Dokument für den seelischen Druck, unter dem er, der einen Menschen erschossen hat, steht. Er will sich die Last von der Seele schreien, will kein Mörder sein, er will sich wehren gegen die Schuld, die er auf sich geladen hat. Nicht Schuld, so hämmert er sich ein, ist es, was ihn quält: Das Schicksal ist es, das ihn verfolgt.

Nur zu glaubhaft, wenn er schreibt, daß er alles versucht habe, »das Land seiner Sehnsucht«, das freie Amerika, zu erreichen. Er will nicht zurück in den Knast, will den erbarmungslosen Zuchthausmauern entfliehen. Ernst Hannack macht sich keine Illusionen mehr über den Strafvollzug, und so ist denn auch seine Studie über diese Zuchtrute der bürgerlichen Gesellschaft, die er kurze Zeit später dem Staatsanwalt in einem weiteren Brief übermittelt, von erschreckender Klarheit:

»Sehen Sie, Herr Staatsanwalt, ich soll und muß wahr reden, daß Sie das alles ganz verstehen. Nirgends ist der Mensch so feige und machtlos, wie hinter Mauern. Die Verbrecher: zusammengewürfelt ein Ganzes. Große und kleine Verbrechen sind die Strafen. Die Handlungen bei kleinem Strafmaß (sind aus) meistens viel gemeiner, niedrigster Gesinnung zusammengesetzt. Unter diesen Elementen ein ewiger Kampf des Nicht-Sichverstehens, weil die Charaktere zu verschieden geartet sind. Sie schließen meistens Menschen ohne Geist und Seele an den Höhepunkt dieses Theaters.

Die Kriecherei fängt bei dem Stärkeren an, dem Schließer. Der kriecht nun wieder weiter, und so hält das Kriechen an bei dem Allgewaltigen des Hauses, dem Amtmann. Nirgends artet es so aus, wie hinter Mauern. Für Heucheln hatten sie ein Herz: So wurde diesen verwesten Krankheiten immer mehr Platz gemacht. Für innere Wahrheiten zum Ausdruck bringen (»Sehen Sie in mir einen Vater«, sagte der Pfaffe), die gingen meistens schief aus. Die Luft bleibt mir weg, denke ich daran zurück; und dann denke ich, was da kommen soll ...

Mein Leben haben Eure Gesetze vernichtet. Wieviel sind denn auf diesem Wege vernichtet? Wer ist ohne Sünde, der werfe ...? Ist nicht alles, was um uns vorgeht, Maske? Wie leben die Reichen von heute? Überall diesel-

ben, die es verstehen, mit anderen Leuten aufzubauen. Sie leben wie die Maden im Speck. Ich sehe das alles, und empfinde immer als Mensch. Diejenigen müssen mir zum Leben geben, was ich haben muß. So ist mein Leben vernichtet worden, weil ich keine Rechte mehr hatte. Und die Tore des Zuchthauses werden sich immer wieder öffnen zu zwanzig Prozent von allen, die Kerkerluft geatmet . . .«

»Diejenigen« – die Reichen – »müssen mir zum Leben geben, was ich haben muß«, schreibt er. Das ist Räuberphilosophie reinsten Wassers; fast meint man, den legendären Schinderhannes aus ihm herauszuhören. Er, Hannack, hat klar erkannt, was er ist: Außenseiter der Gesellschaft.

Es wird September. Lechner erhält, als er in der Bartelsstraße 19 drei Geldschrankknacker festnimmt, einen neuen Hinweis. Külsen, so erfährt er, sei am Sonnabend, dem 8. September, dort erschienen, habe um Hilfe gebeten. »Mensch, was habt ihr für Mist gemacht«, hatte einer der Tresorspezialisten zu Külsen gesagt, »mußtet ihr denn den Mann totschießen? Hättet ihr nicht auch einen Einbruch machen können?«

Külsen sei sehr bedrückt gewesen. »Das ist nun mal so«, habe er nur geantwortet. Hannack habe ihn im Stich gelassen, er sei ohne Geld und wisse nicht, wohin. Nachdem sie in einer Speisewirtschaft in der Schanzenstraße gegessen hätten, sei Külsen, mit 5 Mark versehen, wieder davongezogen. Er habe zum »Gang« wollen, wie der Rademachergang in der Neustadt im Jargon genannt wurde.

Aber immer noch blieb das Trio verschwunden. Eines war offensichtlich: Die Bande befand sich nicht mehr in Hamburg. Das ging auch aus einem Brief hervor, den

Hannack Mitte November an Staatsanwalt Haartje schrieb. Mehr als vier Monate war Hannack, der Fuchs, jetzt unterwegs. Und in diesen vier Monaten, so schien es, war der Druck von ihm gewichen, hatte er sich wieder gefangen. Er war wieder der Alte, und entsprechend war auch der freche, ja geradezu höhnische Ton seines Briefes:

»Sehr geehrter Herr Staatsanwalt.

Lange nichts mehr von mir hören lassen, desto mehr Freude werden Sie an diesen Zeilen haben. Ja, mein lieber Freund, wir sind doch auch im Grunde sehr gut Freund miteinander. Nur daß Sie, sehr geehrter Herr Doktor, ihre Studien im Bereich der Universität gesammelt, und ich zehn Semester im ‚Z' absolviert habe . . .«

Wieder spricht er von der Paßgeschichte, von den Zuständen im Zuchthaus, die ihm so gar nicht gefallen. Doch dann wird er deutlich:

»Will ich von mir sprechen, Herr Staatsanwalt. Im Einbrechen kann mir in ganz Fuhlsbüttel keiner gleichkommen. An einem Abend mache ich, wenn es sein muß, vier bis fünf Villen. Ich mache alles alleine. Ich habe stets einen Revolver bei mir. Ich kenne keine Gefahr. Ich bin, wenig gesagt, dreißig- bis vierzigmal überrascht worden, aber trotz Pistole (habe ich) noch nie einem Menschen weh getan . . . Als Einbrecher bin ich als Überraschter ein ganz großer Schauspieler. Talent muß man haben! ‚Hände hoch, ich schieße', kein Wort mehr! . . . Herr Staatsanwalt, wo ich bin, werden Sie mich nie finden. Aber dieses Leben – furchtbar ist es. Es ist kein Leben.«

Es ist nicht überliefert, ob sich Dr. Haartje über den Brief seines »Studienkollegen« sehr gefreut hat. Vermutlich war das nicht der Fall. Überliefert ist aber, daß Hannack sich wohl zu sicher fühlte; und nach dem Sprichwort von dem Esel, der aufs Eis geht, wenn ihm zu wohl wird, handelte er denn auch. Es war ein entscheidender Fehler, daß es ihn wieder nach Hamburg zog. Mag sein – und das ist sehr wahrscheinlich –, daß sie außerhalb ihres angestammten Milieus nicht so rechten Fuß fassen konnten, mag sein, daß sie auf dem langen und im Grunde doch immer noch erfolglosen Fluchtweg keine andere Möglichkeit sahen, endlich zu den erforderlichen Auslandspässen zu gelangen: Sie kehrten zurück. Für wenige Tage zwar, aber immerhin: Es war der entscheidende Fehler.

Am 5. Dezember nämlich brachte ein Vigilant an Ramming die Nachricht, Hannack habe mit seiner Anni – Külsen habe er nicht gesehen – am Tage vorher Hamburg um 23.36 Uhr mit dem Schnellzug in Richtung Basel verlassen. Das Pärchen habe Pässe auf den Namen Wulf und wolle nach Amerika ausreisen.

In der Tat: Hannack hatte die Pässe besorgt, soviel stand fest. Die hektische Jagd begann.

Der 9. Dezember: Beide hatten in Frankfurt unter dem angenommenen Namen in einem Hotel gewohnt und Gepäck nach Antwerpen aufgegeben. Die Fahndung wurde auf Holland ausgedehnt.

Der 10. Dezember: Funkspruch aus Holland: »Wegen Raubmordes gesuchter Bäcker Ernst Hannack und Geliebte Anna H. in Amsterdam festgenommen. In Begleitung des Hannack befand sich Wilhelm Anschel, geb. am 23. 6. 98 in Rheine. Beschreibung des Anschel: 1,80 groß, dunkelblondes kurzes Haar, breiter Nasenrücken, rechter

Unterarm Totenkopf tätowiert, will wie Hannack nach Südamerika. Liegt etwas gegen Anschel vor?«

Nach zum 11. Dezember: Telegrafische Anfrage bei der Kripo Köln.

11. Dezember: Antwort aus Köln:

»Anschel, Wilhelm, 23. 6. 92 in Rheine, ist in seiner Wohnung anwesend. Sein Reisepaß ist am 26. 10. 28 bei einem Wohnungseinbruch gestohlen. Der angebliche Anschel kommt als Wohnungseinbrecher in Frage.«

Der Verdacht wurde zur Gewißheit: Anschel war Külsen.

Weier und Ramming konnten, wenn man so will, zum großen Halali blasen. Die Jagd war beendet.

Kriminalkommissar Nullmeyer aus Altona traf am Abend des 12. Dezember, von langer Bahnfahrt übermüdet, an der Grenzstation Bentheim ein. Was er erfuhr, als ihm die Kollegen von der Maréchaussee die Gefangenen übergaben, ließ ihn doch einen großen Seufzer der Erleichterung ausstoßen: An diesem gleichen Tag nämlich hatten die Festgenommenen nach Rio de Janeiro ausreisen wollen. In buchstäblich letzter Minute war es den Holländern nach einer intensiven Hotelfahndung gelungen, die steckbrieflich Gesuchten in der »Pension Internationale« in der Amsterdamer Warmoesstraat 153 zu verhaften. Hannack, vom unerwarteten Zugriff überrumpelt, hatte sofort aufgegeben. Külsen hatte noch hartnäckig geleugnet. Nein, er habe mit dem Pärchen vom anderen Zimmer nichts zu tun. Wie man dazu käme, ihn zu verdächtigen?

Es war zwecklos. Mehrere Stunden später gestand er.

Vielleicht hätte Bienwald, der Kassierer der Westholsteinischen Bank, noch am Leben sein können, wenn der Raubüberfall auf die Sparkasse am Mühlenkamp nicht danebengegangen wäre. Wer weiß das? Es stellte sich nämlich, als Kommissar Brillau am 14. und 15. Dezember mit den Vernehmungen begann, heraus, daß sich Hannack – immer auf der Suche nach dem großen, letzten Coup – dieser kleinen Nebenstelle erinnert hatte, die ihm bei einem Spaziergang Ende Mai einmal aufgefallen war. Nun, nach dem mißglückten Raub, hatte er sich entschlossen, es weniger risikoreich zu versuchen. Gemeinsam mit Külsen baldowerte er am 26. Juni die Gelegenheit noch einmal gründlich aus, und an diesem Tage war auch die endgültige Entscheidung gefallen.

Sie trafen sich am nächsten Vormittag um 9 Uhr am Hochbahnhof Mundsburg. Hannack kam mit dem von Thodt geliehenen Fahrrad, Külsen zu Fuß. In einer der vielen Wirtschaften in der Hamburger Straße kehrten sie ein, tranken in kurzer Zeit an die zehn Biere und Schnäpse. Sie marschierten, Hannack das Fahrrad in der Hand, zu Fuß bis nach Hellbrook. Die Situation schien günstig. Niemand war auf der Straße, niemand in der Bank. Bis auf Bienwald.

Der Kassierer habe sich gewehrt, sei mit einer Fensterklappe auf ihn zugestürzt, sagte Hannack. Dabei habe sich versehentlich ein Schuß gelöst. Nein, er habe nicht schießen wollen. Vielleicht sei er auch wegen des Alkohols etwas außer Kontrolle gewesen, er wisse es nicht, wolle sich damit auch nicht entschuldigen. Er könne nicht einmal sagen, was mit Külsen gewesen sei. Natürlich, drin sei er ebenfalls gewesen. Aber die Aufregung, der Schuß, die Eile ... Er habe gerade noch die 4 500 Mark aus dem Zahltisch zusammenraffen können, sei hinausgelaufen, habe Külsen dort gesehen, seine Schüsse gehört.

Und dann?

Er habe sich mit der Anni getroffen, mit ihr im Reichshof übernachtet. Külsen habe sie dort am nächsten Tage abgeholt. Dann: mit einem Auto nach Travemünde, dort einen Tag Aufenthalt. Weiter mit der Eisenbahn nach Göhren auf Rügen. Drei oder vier Wochen später nach Berlin. Alle drei. Noch war Geld vorhanden, konnte die große Deutschlandreise beginnen. Halle, dann Leipzig. Das Geld wurde knapp. Mehrere Einbrüche, kleine Sachen, der Verdienst dabei nur mäßig. In Dresden und München wieder etwa zehn Einbrüche, dann eine Knackertour durch Süd- und Westdeutschland: Nürnberg, Stuttgart, Frankfurt, Köln, Düsseldorf. Der Herbst kommt, es wird Oktober. Auf beinahe gleichem Wege geht es, wieder Einbruch an Einbruch, durch ganz Deutschland nach Hamburg zurück. Sie besorgen sich – Hannack atmet auf – die falschen Pässe. Verwandte der Anni haben dabei geholfen. Nun ist das Ziel zum Greifen nahe: Das Land der Sehnsucht, Amerika.

Der Schwurgerichtsprozeß gegen Hannack und Külsen begann am 14. März 1929. Das Urteil, am 16. März: gegen Hannack wegen Raubes mit Todeserfolg 12 Jahre Zuchthaus, 12 Jahre Ehrverlust; gegen Külsen ebenfalls 12 Jahre Zuchthaus, 6 Jahre Ehrverlust. Das Gericht hatte Hannack noch eine letzte Chance gegeben: Es hielt ihn nicht für so verdorben, daß er auf Lebenszeit aus der menschlichen Gemeinschaft auszuschließen sei.

Am 4. April wurde Hannack ins Zuchthaus Rendsburg überstellt, später nach Oslebshausen bei Bremen verlegt.

Külsen verbüßte seine Strafe voll.

Hannacks Geschichte freilich ist damit noch nicht zu Ende. Der zweite Teil beginnt mit einer Frage: Wer kennt die Villa Sonnemann?

Die Villa Sonnemann nämlich war in Ganovenkreisen berühmt, sie war berühmt für gute, wenn auch nicht übermäßig komfortable Unterbringung, berühmt für anständige Behandlung und für maßvolle Abwechslung. Sie hatte nur einen Fehler: Die Fenster waren vergittert, und man kam nicht so schnell heraus, wie man hineingelangen konnte. Die Villa Sonnemann war gewissermaßen das Musterbeispiel eines humanen Strafvollzuges unter einem humanen Zuchthausdirektor, der den freundlichen Namen Sonnemann führte. Die Villa Sonnemann also: das Zuchthaus in Oslebshausen bei Bremen.

Dort, im Haus drei, vierter Stock, hatte Hannack eine Zelle bezogen. Erfahrener Knastologe, der er war, wurde er bald mit Hausarbeiten beschäftigt, kam er dadurch mit anderen Insassen mehr als tunlich zusammen. Nicht lange, hatte er Schicksalsgefährten gefunden, die gleich ihm bestrebt waren, baldmöglichst erneut das Licht der Welt – der freien Welt – zu erblicken. Das waren: Karl Steinberg aus Hannover (er hatte nur 12 Jahre abzusitzen) und Fritz Schulenburg aus Trier, der nach dem Entschluß seiner Richter sein Leben hinter Mauern beschließen sollte. Er hatte jemanden umgebracht.

Man wird verstehen, daß eine Fluchtvorbereitung ihre Zeit braucht, und so dauerte es denn auch dreieinhalb Jahre, nämlich bis zum 5. Dezember 1932, daß die Gelegenheit günstig war. Sie hatten sich ein Seil, zwei Schlüssel und Sperrhaken angefertigt, der Tag neigte sich dem Ende zu. Hannack schloß die Zellen seiner Genossen auf und – mit den Gelegenheiten des Hauses inzwischen bestens vertraut – schlichen sie sich durch verschiedene Klappen und Türen auf das Dach und von dort wieder in einen Bodenraum. Einer der drei – es ist nicht berichtet, wer

– zog sich eine dort vorher versteckte Aufseheruniform an und marschierte nun mit seinen beiden Mitgefangenen – oder besser: Gefangenen – über eine Wendeltreppe nach unten. Er öffnete mit dem großen Universalschlüssel die Haustür, ließ die Gefangenen auf den dunklen Hof treten, die gehorsam bei ihm warteten, bis er wieder ordnungsgemäß verschlossen hatte. Um genau Viertel nach fünf schritten sie in aller Ruhe über den Hof. Der Polizeiposten grüßte kameradschaftlich zu dem Gefangenenaufseher herüber, nahm er doch an, die beiden würden, wie oft um diese Zeit, zur Küche oder zum Lazarett geführt. Sie passierten einen Durchgang, gelangten an eine Nebenpforte. Nur noch eine Schlüsseldrehung: Die goldene Freiheit war erreicht.

Sie dauerte für Steinberg und Schulenburg nicht lange. Wenige Tage später wurden sie in Hamburg in der Kleinen Reichenstraße beim Hamburger Fischmarkt wieder verhaftet.

Erst im Februar 1933 hörte man wieder etwas von Hannack, und das, was man erfuhr, war seiner durchaus würdig. Die Sache hatte damit begonnen, daß ein Privatdetektiv am Sonntag, dem 6. Februar 1933, auf dem Stephansplatz einen Mann gesehen hatte, von dem er annahm, es könne dieser Hannack sein, dessen Konterfei in allen Zeitungen zu sehen gewesen war. Er folgte ihm, treu seiner Devise, unauffällig und hatte das Glück, ihn in einem Hause in der Fruchtallee verschwinden zu sehen. Der wackere Detektiv benachrichtigte die nächste Wache.

Die Polizei blieb nicht untätig. Schnell hatte sie herausgefunden, daß der Verdächtige tatsächlich der Gesuchte sein könne. Am nächsten Morgen umstellte sie mit großem

Aufgebot das Haus, drang in die betreffende Wohnung ein und stellte dort einen Herrn Bollmann, der sich zu seinem Unglück noch dazu im ungesetzlichen Besitze eines Revolvers mit acht Schuß Munition befand.

Bollmann war Hannack. Der Gefesselte wurde in die Wache 48 in der Fruchtallee gebracht. Es war ein modernes Gebäude; die Räume groß, hell, luftig und vergittert. So fortschrittlich das Polizeirevier aber auch gebaut war, so hatte es doch – wie wir sehen werden – einen kleinen, aber erheblichen Mangel: Die Gitter vor den Fenstern sicherten nur die unteren zwei Drittel, das obere Drittel mit der Luftklappe war nicht besonders geschützt. Natürlich hatte sich die Polizeiführung dabei etwas gedacht. Die Fenstergitter sollten nämlich nur das unbefugte Eindringen von außen verhindern und vor Überfällen schützen.

Hannack wurde, wie immer in solchen Fällen, zunächst erst einmal in den Aufenthaltsraum der Beamten gebracht, denn bevor jemand in eine Zelle gesperrt wird, ist noch einiges zu erledigen: Da sind die »eigenen Sachen« abzunehmen, die Taschen zu durchsuchen, die Personalien zu notieren und so fort. Seinem legendären Ruhm hatte er es allerdings zu verdanken, daß ihm die Handfesseln nicht abgenommen wurden. Das wäre zu riskant gewesen. Zu alledem setzten sich noch zwei Beamte zu ihm, während zwei andere damit beschäftigt waren, die in seinem Logis gefundenen Sachen nebenan im Wachraum zu durchsuchen. Die Tür dorthin stand offen.

Natürlich wollten die Beamten gern hören, was Hannack, der große Fisch, während seiner Reise getrieben hatte. Aber er war stur. »Nee«, sagte er brummig, »bringt mir erst mal was zu essen, ich habe einen gewaltigen Schmacht. Mir piept der Darm vor Kohldampf; Vorher erzähl' ich nischt . . .«

Er bekam ein paar Butterbrote.

»Mann«, sagte er dem Schutzmann und hob ihm die gefesselten Hände entgegen, »mit der ‚Acht' kann ich aber nicht schlucken. Da schmeckt mir die beste Stulle nicht . . .«

Nun – die Wache war ausreichend besetzt, die Fenster vergittert; warum sollte man ihm die Fesseln nicht abnehmen?

»Siehste«, rieb sich Hannack wohlig die Hände und griff zur Käsestulle, »so gute Sachen gibt's im Knast nicht. Da werde ich mich wohl wieder auf Affenfett umstellen müssen . . .«

Er kaute behaglich, machte es sich auf dem Stuhl bequem. Das einzige, was sich außer den Kaumuskeln bei ihm bewegte, waren die hellwachen Augen, mit denen er unablässig den Raum beobachtete. Ihm entging auch nicht, daß einer der beiden nun schon vertrauensseligen Wächter auf einen Moment ins Nebenzimmer ging, nicht ohne die Tür offenzulassen. Fieberhaft arbeitete sein Gehirn, schätzte er die Zahl der im Nebenraum befindlichen Beamten ab. Sollte er, sollte er nicht? Was hatte er zu verlieren? Wieder fiel sein Blick auf die Fenster, auf den Schreibtisch darunter.

Wie unabsichtlich legte er langsam die Stulle aus der Hand, sprang wie ein Panther auf den Wachtposten zu und versetzte diesem einen gewaltigen Kinnhaken. Der Beamte fiel mit dem Stuhl um, Lärm entstand. Mit einem Satz jagte Hannack auf das Fenster zu, auf den Schreibtisch darunter, machte einen Hechtsprung durch die obere geschlossene Scheibe der Luftklappte.

Glas klirrte, der überfallene Beamte – noch halb benommen – brüllte vor Wut, doch Hannack war verschwunden. Jeder andere hätte sich bei diesem wahnwitzigen Sturz das Genick brechen müssen; Hannack aber mußte es gelungen sein, sich noch im Fall so zu drehen, daß er aus 5 Meter Höhe einigermaßen heil unten angekommen war. Das einzige, was an ihn erinnerte, waren ein paar Blutspuren an den von den Nebenhäusern zum Innenhof führenden Türen. Da diese verschlossen gehalten wurden, war er über ein Gitter geklettert, auf freies Gelände gelangt und in der einbrechenden Dunkelheit verschwunden. Die Blutspuren führten bis zur Apostelkirche.

Die Polizei hatte er abgeschüttelt. Es war gegen 7 Uhr abends, als er blutbesudelt in der Wohnung eines Schlachters in der Nähe der Lokstedter Dirt-Track-Bahn auftauchte und ein zeitbedingtes Schauermärchen erzählte: Politische Gegner hätten ihn überfallen, man möge ihm um Gotteswillen helfen.

Das war so unklug nicht und mehr als glaubwürdig. Die Nazis waren gerade an die Macht gekommen, die Zeit der langen Messer hatte begonnen. Ob man nicht doch die Polizei verständigen solle? fragten die hilfsbereiten Schlachtersleute – Um Himmels willen, nein. Nur nicht die Polizei, das gäbe nur Scherereien. Wenn er sich waschen dürfe, man ihm eine Taxe besorgen wolle. Vielleicht lauerten ihm die Kerle irgendwo auf . .

Die Taxe kam. »Zur Telemannstraße«, sagte er, stieg ein und ward vorerst nicht wieder gesehen. Ernst Hannack, der Unerschrockene, der stets Geistesgegenwärtige, war noch einmal davongekommen . . .

Die Polizei hatte nicht die Absicht, die Schlappe einzustecken. Sie setzte – am 19. März – 200 Mark Belohnung auf seine Ergreifung aus, sein Bild erschien erneut in allen Zeitungen. Es sollte noch eine Woche dauern, bis man wieder von ihm hörte.

Montag, der 28. März 1933. An diesem Nachmittag, es war etwas dunstig und trübe, sahen zwei Männer einen einsamen Mann über das Heiligengeistfeld auf sich zukommen. »Mensch«, sagte der eine und stieß seinen Nachbarn an, »das ist doch Hannack!«

Er war es.

Sie ließen ihn, als er die heutige Budapester Straße erreicht hatte, nicht aus den Augen, konnten unauffällig einen Schutzmann informieren.

»Darf ich mal Ihre Ausweispapiere sehen?« fragte der Polizist, von den Zivilisten neugierig gefolgt. Hannack griff blitzschnell in beide Manteltaschen und zog zwei Revolver heraus. »Zurück!« schrie er, »zurück!« Die beiden Männer wurden kalkweiß im Gesicht, der Beamte sprang hinter einen Baum und zog die Dienstpistole, feuerte.

Hannack warf Hut und Mantel fort und raste, von drei, vier Schüssen verfolgt, scheinbar unverletzt in Richtung Sophienstraße. An der Ecke Seilerstraße rannte er in ein Haus und schloß – niemand weiß, wie er das so schnell schaffte – von innen die Haustür ab.

Alarm. Kurz darauf hatte ein riesiges Aufgebot von Polizei das Haus und den Straßenblock abgeriegelt. Alle Wohnungen wurden durchsucht. Vergebens. Hannack war in verzweifelter Flucht über die Dächer entkommen.

Plötzlich meinte man, ihn auf dem Dach des Hauses Eckernförder Straße 62 gesehen zu haben. Polizei und Hilfspolizei – aus SA und SS zusammengesetzt – besetzte die Umgebung. Was man fand: auf einem Dach ein

Jackett, einige Blutspuren in der Nähe. Wieder blieb Hannack, das Phantom, verschwunden.

Länger als ein halbes Jahr hielt er sich im Milieu auf St. Pauli und in den Gängevierteln verborgen, verübte er Einbrüche auf Einbrüche, ging er im Sommer auf eine standesgemäße Badereise an die Ostsee. Irgendwann im Sommer schloß er sich mit Adolf Petersen, dem »Lord von Barmbeck«, zusammen.

Die Kripo wußte es. Sie beschloß, ein großes Spiel zu wagen: Sie nahm Verbindung zu Petersen auf und machte mit ihm ein Geschäft nach dem zwar etwas illegalen, aber auch heute mitunter noch bewährten Prinzip: Du licferst uns den Hannack ans Messer, und wir werden bei dir mehr als nachsichtig sein. Zugegeben: nicht ganz fair – aber der Zweck heiligt manchmal eben doch die Mittel...

Petersen freilich hatte eher als Hannack die Zeichen der Zeit begriffen. Zuchthaus war schlimmstenfalls immer noch besser, als den Kopf zu verlieren, denn – das hatte sich inzwischen auch in Verbrecherkreisen herumgesprochen – die neuen Herren in der braunen Uniform verstanden keinen Spaß. Harte Zeiten für Ganoven...

Adolf Petersen, Abtrünniger wider seinen Willen, hatte mit Hannack für den 24. Oktober 1933, einen Dienstag, um 17 Uhr einen Treff in der Nähe der Johanniskirche am Mittelweg verabredet. Es war alles bestens vorbereitet: hinter Gebüschen, in den Parterrewohnungen der anliegenden Häuser, auf der Straße – überall Kripo, gut getarnt. Aber was bedeutete das schon bei Hannack, dem Fuchs? Mit dem Gespür des Verfolgten, mit dem allzeit wachen Instinkt des geschulten Verbrechers ahnte er, daß hier etwas nicht stimmte, nicht stimmen konnte. Er hatte keine zwei Sätze mit Petersen gewechselt – hatte der »Lord«

nicht eben ein Zeichen gegeben? –, als er einen Sprung zur Seite machte, über den Mittelweg in die Milchstraße hineinjagte, mitten durch die erschrockenen Passanten hindurch. Im Laufen zog er seinen Revolver, feuerte er auf die verfolgenden und im Waffengebrauch durch die Fußgänger behinderten Kriminalbeamten zurück. Niemand wagte es, sich ihm in den Weg zu stellen. Er hastete nach links in die Magdalenenstraße, sprang über einen Gartenzaun und tauchte in den dichtbewachsenen Gärten am Harvestehuder Weg unter.

Sein Schicksal erfüllte sich zwei Tage später, am 26. Oktober. Von Hunderten von Kriminalbeamten gehetzt, von seinen Kumpanen des »Milieus« verlassen, die nicht daran dachten, sich seinetwegen in Gefahr zu bringen, von einer Bevölkerung, die in eine »Hannack-Hysterie« verfallen war, gejagt, hatte er sich entschlossen, in Berlin unterzutauchen. Dort hatte er noch einige Verbindungen, dort hatte er, der typische Großstadtverbrecher, die Kneipen, die Kaschemmen und Bouillonkeller, dort fand er die gleiche Welt vor: Dirnen und Diebe, Räuber und Hehler. In Berlin, da würde er weitersehen . . .

Er kam an diesem Tage nur bis Bergedorf; und im Grunde war es nur eine läppische Fehlkalkulation, die ihn, der alles, was er tat, genau vorausberechnete, zu Fall brachte. Er hatte sich in Hamburg eine Fahrkarte nach Berlin gelöst und wollte, mit der Vorortbahn bis nach Bergedorf gelangt, erst von dort aus mit einem Schnellzug weiterreisen.

»Nee, mein Herr«, erwiderte der Schaffner an der Sperre, als er den Bergedorfer Bahnhof verlassen wollte, »von hier kriegen Sie aber keinen Schnellzug nach Berlin. Da müssen Sie schon den Personenzug nach Ludwigslust nehmen. Der geht erst in drei Stunden. Und in Ludwigslust kriegen Sie den Schweriner Schnellzug! Dann sind Sie abends in Berlin.«

Der Bahnbeamte vermochte später selbst nicht zu sagen, was ihn eigentlich mißtrauisch gemacht hatte, als er dem hochgewachsenen Herrn mit dem schwarzen Schnurrbart, der in seinem grauen Mantel wie ein Kaufmann aussah, nachblickte. War es eine Geste, irgendein Blick, war es der etwas zu hastige Gang gewesen? Er wußte es nicht. Er wußte nur, daß es ihm plötzlich wie Schuppen von den Augen gefallen war: Hannack!

Er telefonierte zur Wache. Ja, er habe keinen Zweifel, es sei Hannack.

Sie spürten, die Waffen schußfertig gemacht, den Flüchtigen auf, wie er in Richtung zum Schloßgarten ging. Er wollte heraus aus der Enge der Straßen, heraus aus diesen Menschenfallen, wollte fort an den Stadtrand, wo kaum mit Polizei zu rechnen war.

Der Verbrecher hatte die Beamten, obwohl sie in einiger Entfernung hinter ihm gingen, erkannt. Unruhig blickte er zurück, sah er die beiden Polizisten immer näher kommen. Noch war kein Wort, kein Ruf gefallen.

Er überlegte fieberhaft. Wie kommst du hier weg? dachte er, spürte, wie ihm der kalte Schweiß ausbrach. Nein, da half nichts weiter als laufen, laufen, laufen ...

Mit einem Ruck warf er den Überzieher fort, sprang mit einem Satz in den Park hinein. Er hörte die Rufe hinter sich: »Halt! Stehenbleiben! Polizei!« Dann: Schüsse. Sirrend zischten die Kugeln an ihm vorbei.

Er zog seinen Revolver, verhielt kurz, nur den Bruchteil einer Sekunde, drehte sich um und schoß, schoß, schoß. Blindlings in die Verfolger hinein. Vielleicht wäre er noch einmal entkommen, wenn ihn seine Unkenntnis nicht ausgerechnet in den Schloßpark geführt hätte. Er, der immer einen sicheren Rückweg parat hatte, war direkt auf die Polizeiwache zugelaufen, aus der er zu seinem grenzenlosen Schreck ein Dutzend und mehr Beamte herausstürzen sah. Feuernd zog er sich zur Ernst-Mantius-Straße zurück, hoffte, dort durch die Villengärten zu entkommen. Aber inzwischen hatte die Polizei den Park mit einem dichten Kordon umstellt. Er hörte die Überfallwagen mit ihren zwitschernden Pfeifen heranrasen, hörte das Türenschlagen, die Kommandos.

Hannack schoß wieder, wollte sie sich vom Leibe halten. Aber es war sinnlos. Sie hatten ihn hoffnungslos umstellt. »Ich gebe auf«, rief er ihnen zu und warf den Revolver auf den Rasen vor sich.

An Händen und Füßen gefesselt brachten sie ihn in die Wache. Diesmal entwischte er ihnen nicht.

Am 25. Februar steht er vor dem Hanseatischen Sondergericht. Er, der große Hannack, zwischen zwei Justiz- und Polizeibeamten. Mit seinem klugen, energischen Gesicht schätzt er das Gericht und den Vorsitzenden, Landgerichtsdirektor Gernet, ab. Nein, er hat nichts zu hoffen.

Ruhig, mit leiser und bescheidener Stimme gibt er seine Antworten. Er weiß – und man hat es ihm mit der Anklage vorgelesen –: »Wer es unternimmt, auf Beamte, die sich in dienstlicher Tätigkeit befinden, zu schießen, wird mit dem Tode bestraft.« Ein neues Gesetz, dieses »Gesetz zur Gewährleistung des Rechtsfriedens«.

Was machen da schon seine Einbrüche, 34 an der Zahl – sie interessieren nicht und haben kein Gewicht.

Er, Ernst Hannack, hat geschossen. Er hat am Heiligengeistfeld geschossen, am Mittelweg, und nun noch die letzten elf Schüsse in Bergedorf. Er hat auf Beamte geschossen, auf Beamte, die sich in dienstlicher Tätigkeit befanden. Er hat sein Leben verwirkt.

Am letzten Tag bietet er, der immer Gelassene, Überlegene, Selbstsichere, ein anderes Bild: Seine Jacke ist geöffnet, seine weit aufgerissenen Augen haben einen fast stieren Blick. Lange Zeit bleibt er so, den Kopf auf den Tisch gelegt, sitzen. An diesem Tage, dem 28. Februar 1934, fällt in der schwülen Stille des großen Saales das Todesurteil.

Eine Woche später, am 5. März 1934, verkünden rote Plakate an den Litfaßsäulen:

»Der Gewohnheitsverbrecher Ernst Paul August Hannack, geboren am 28. 8. 1900 in Harburg, zuletzt in Hamburg wohnhaft, wurde heute morgen durch das Beil hingerichtet. Wegen der Gemeingefährlichkeit des wiederholt schwerbestraften Täters hat der Herr Reichsstatthalter von seinem Begnadigungsrecht keinen Gebrauch gemacht.«

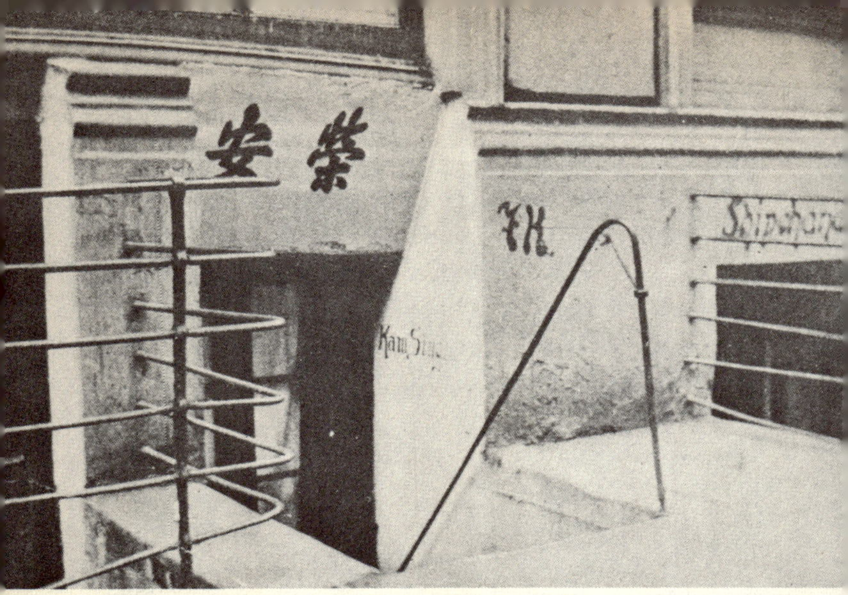

Chinesen-Keller in der Schmuckstraße.

Zeitgenössische Skizze aus dem „Chinesen-Milieu".

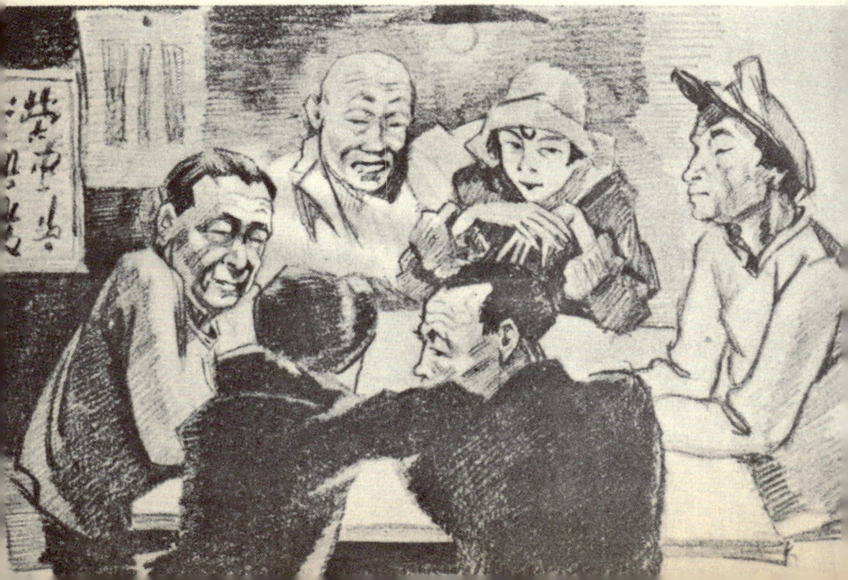

EIN KOFFER UNTER DER KELLERTREPPE UND EINE LEICHE DARIN

Die Straße »Am Brunnenhof« in Altona unterschied sich in nichts von den anderen tristen Straßen ihrer Umgebung: Drei- und vierstöckige Häuser, Mietskasernen, alle lieblos in den Gründerjahren in die Höhe gezogen, die schmutziggrauen Fronten durch monotone Fensterreihen unterbrochen, ab und zu ein Balkon, ein paar verkümmerte Geranien darauf, die vor Sonnenarmut geil in die Höhe schossen. Die düsteren Hauseingänge und dunklen Torwege führten auf winzige Hinterhöfe mit kleinen Werkstätten, windigen Schuppen, oft voller Gerümpel . . .

Sie war eine Straße der »kleinen Leute«, der Arbeiter und Schauerleute, der Rentner und kleinen Angestellten: fleißige und ehrbare Bürger durchweg, oft freilich nur am Rande des Existenzminimums lebend. Die Träume vom Häuschen im Grünen blieben hier unerfüllt; mancher hatte vielleicht das Glück, nach Feierabend oder am Wochenende aus der drückenden Enge in die freie Luft eines liebevoll gehegten Schrebergartens irgendwo in Bahrenfeld oder Flottbek entfliehen zu können. Aber so häßlich die Straße auch sein mochte, so sehr die Langeweile der Mietskasernen auch drückte, so sehr war der »Brunnenhof« auch Heimat.

Das Haus »Am Brunnenhof 3« war Heimat für 19 Mietparteien, Familien – die Untermieter nicht eingeschlossen – oder wie immer man es auch nennen mochte. Im Erdgeschoß gab es 4 bescheidene Läden: rechts der in der Mitte gelegenen Haustür ein Zigarrenladen, dann ein Krämer; links der Haustür die Radiohandlung von Fellechner und links von diesem wiederum das Friseurgeschäft von Krepp, das sich als »Spezial-Salon für Haar- und Bartpflege« und für die Damen mit seiner Spezialität: »Bubenkopf und Herrenschnitt« empfahl. Der Herrenhaarschnitt – nicht der Herrenschnitt – kostete 50 Pfennig; Kinder – aber keine Bedienung am Freitag – zahlten 3 Groschen. Mehr war bei der Lage des Geschäfts nicht drin.

Sensationen hatte es bei allem Klatsch und Tratsch am Brunnenhof nie gegeben, und es würde sie vielleicht bis heute nicht gegeben haben, wenn nicht der 12. Juni 1935 gewesen wäre.

Hermann Müller, ein Arbeiter von 53 Jahren, war so etwas wie der »Viz« im Haus. Er nahm Mieten an – man durfte wöchentlich bezahlen, wenn es nicht anders ging –, sorgte für Ordnung, führte nach seinem Feierabend kleine Reparaturen aus und nahm auch die Klagen entgegen, an denen es, so läppisch sie auch meist sein mochten, nie mangelte.

»Die Alsche vom zweiten Stock« – so nannte Müller sie bei sich – hatte sich beschwert, daß es hinten im Hof so impertinent stinke. »Das ist ja unmöglich, Herr Müller«, hatte sie gezetert, »ich kann nicht mal mein Küchenfenster aufmachen. Und das bei dieser Wärme!«

Nun, Müller hatte das vor einigen Tagen schon selbst festgestellt, und heute endlich wollte er sich daranmachen, der Sache auf den Grund zu gehen. Mit seinem Mieter

Krepp, dem Friseur, hatte er auch nichts als Ärger... Mehrfach hatte er ihn schon aufgefordet: »Herr Krepp, nun misten Sie doch endlich mal die Ecke zu ihrem Kellerniedergang im Hof aus. Ich möchte nicht, daß Sie dort Ihr Gerümpel abstellen. Dafür sind die Ascheimer da...«

Krepp hatte immer eine Entschuldigung parat gehabt: keine Zeit, keine Lust, keine Möglichkeit. Ja, in den nächsten Tagen...

Nun bot sich für Müller eine Gelegenheit. Herr Krepp, dieser merkwürdige Haarputzer, war von der Kripo abgeholt worden. Etwas Genaues wußte niemand, nur eben, daß er jetzt im Knast saß. Alle tippten sie auf irgendeine Sache mit einem jungen Mann; es verkehrten ja immer nur junge Männer bei ihm, und die Kellerräume hatte er ständig an solche seltsamen Knaben vermietet. Die reinste Absteige war das.

Hermann Müller stieg die elf eisernen Stufen in den kleinen Lichtschacht vor der Kreppschen Kellerwohnung hinunter und betrachtete sich sein Vorhaben. Hinter den Stufen der Eisentreppe, zwischen verrosteten Ofenrohren, zwei ausgedienten Kanonenöfen, alten Schnaps- und Weinflaschen, Kartons und anderem Gerümpel, lag unter allem verborgen ein großer Koffer. Er räumte die Öfen an die Seite, zog Kartons und einen zerfledderten, spakigen Läufer aus dem Haufen hervor. Der stockige, muffige und süßlich-widerliche Geruch wurde stärker. Er stocherte in dem Haufen herum. Kein Zweifel: Der Gestank mußte aus dem Koffer kommen. Er hatte Mühe, den Überseekoffer ein Stück herauszuziehen, eine Lasche des Griffes riß ab. Nachdem er einen Placken fauligen Strohes beseitigt hatte, öffnete er ihn. ‚Glücklicherweise unverschlossen', dachte er, als er den Deckel anhob, ließ ihn aber im gleichen Augenblick entsetzt wieder fallen: Pestilenzartiger Gestank quoll ihm entgegen, ein verwester Totenschädel starrte ihn an.

So schnell er konnte, rannte er zur Altonaer Wache 3. Hauptwachtmeister Dierking benachrichtigte die Kriminalwache im Polizeipräsidium Herderstraße, schickte sofort einen Schutzmann mit an den Fundort. Die Kriminalassistenten Pabst und Körner, die um 19.40 Uhr dort eintrafen, besichtigten den Fund nur oberflächlich und riefen die Mordkommission. Die Mordkommisssion bestand aus Kriminalkommissar Körner – einem Namensvetter des eben Genannten –, den Assistenten Friedrich Möller, Fritsch, Conrad, Niese und Hell.

Was sie feststellten, war dies:

In dem Koffer befand sich ein vollständig in Verwesung übergegangener menschlicher Körper, die Oberschenkel fest gegen den Körper gezogen, die Arme lagen unter den Oberschenkeln quer über dem Leib. Die linke Schläfe des Schädels war eingeschlagen. Ein Zweifel war nicht möglich: Mord.

Sie öffneten die Tür zu den Kellerräumen. Von allen drei Zimmern machte das zum Hof gelegene den relativ besten Eindruck, soweit man überhaupt von einem guten Eindruck sprechen konnte: eine weiß gestrichene Bettstelle, ein runder Tisch mit einer billigen weißen Decke, ein weißer Nachtschrank, eine Hängelampe mit einem mächtigen rosa Seidenschirm, ein Kleiderschrank, eine Frisiertoilette und zwei dunkle Korbstühle mit rot geblümten Kissen. Unter dem Spiegel der Frisiertoilette ein Parfümzerstäuber, ein Strauß Sommerblumen in einer Vase daneben. Im übrigen aber ungepflegt alles, schmutzig.

»'n richtiger Puff«, sagte Fritsch, »'ne richtige Absteige . . .«

Sie gingen weiter in den mittleren Kellerraum, der nichts als eine fensterlose Höhle war. Auch diese 5 oder 6 Quadratmeter, von denen eine Treppe im Halbbogen nach oben in den Frisiersalon führte, nicht anders eingerichtet: Portieren an den Durchgängen, ein braunes Spind, ein Rauchtisch, eine Stehlampe und als Liegestatt eine Chaiselongue, aus deren schäbigem braunen Polster an mehreren Stellen die Füllung herausquoll. Auf diesem Möbel ein Wirrwarr von verschlissenen Steppdecken, mehrere Kelimkissen; dahinter an der Wand ein grenzenlos kitschiger Wandbehang mit einer Burg im grünen Walde. Über dem Wandbehang in drei goldenen Barockrahmen drei billige »Gemälde«. Wieder unendlicher Schmutz, alles voller Staub.

Das von dem mittleren Raum zugängliche und zur Straße gelegene Zimmer war das schäbigste der Verliese: die Tapeten faltig und verschlissen, ein Matratzengestell in der linken Zimmerecke, darauf eine schmierige Steppdecke, keine Bettwäsche; drei Bilder als Schmuck an die Wand genagelt, der Fetzen eines Läufers vor der nach Schweiß riechenden Liegestatt. Zur Eingangstür hin ein dreiteiliger chinesischer Wandschirm, auf zerkratztem schwarzen Lack ein Blumen- und Vogelmotiv.

Soweit Möller mit seinen Kollegen sehen konnte – sie mußten sich mit Taschenlampen behelfen, das Licht war abgesperrt – fanden sich auf der Matratze im »Weißen Zimmer« Flecken, die offenbar ausgewaschen worden waren, und diese vor allem am Kopf- und Fußende. Sie stellten die Matratze sicher. Am nächsten Tage fanden sie an den Wänden dieses Zimmers – sie hatten sich Jupiterlampen zu Hilfe geholt – mehrere Blutspritzer, auch solche an der Decke.

Die Holztreppe, die nach oben in den Laden führte, war weiß gestrichen und mit einem schäbigen Läufer belegt; sie führte durch eine Fußbodenklappe in den Laden. Dieser »Salon für Damen und Herren« war in größter Unordnung; das von Herrn Krepp bewohnte und hinter dem Laden etwas erhöht gelegene Hinterzimmer genauso ein Stall wie die Kellerräume: Kleiderschrank, Bettsofa, ein paar Stühle, ein Schreibtisch. Unordentlich alles, verwahrlost.

Die Spatzen pfiffen es von den Dächern, und die Zeugen, die sich nach Bekanntwerden des Leichenfundes bei der Kriminalpolizei meldeten, bestätigten es: Krepp war in Altona und auf St. Pauli, und dort vor allem in den einschlägigen Kreisen, als Homosexueller bekannt. Oft hatten die Nachbarn junge Männer in den Laden oder in den Keller gehen und wieder herauskommen sehen; nachts wurde bis in die frühen Morgenstunden gefeiert.

Ein Gastwirt aus der großen Roosenstraße hatte seine eigenen Erfahrungen mit Krepp gemacht: »Ich habe mich früher immer bei Krepp rasieren lassen, bin dann aber fortgeblieben, weil dort Schweinereien vorgekommen sind. Er war nämlich, wenn man in sein Geschäft kam, halb angezogen und hatte viel Besuch durch junge Leute.

Als ich einmal bei ihm zum Rasieren war, sah ich im Spiegel, wie er einen jungen Menschen küßte. Ich habe auch häufig bemerkt, wenn ich nach Schluß der Polizeistunde noch einen Augenblick vor der Tür stand, daß Krepp junge Leute in sein Geschäft hineinließ. Es war in der ganzen Gegend bekannt, daß er homosexuell veranlagt war. Vor etwa sechs Wochen habe ich gesehen, wie Krepp mit zwei jungen Männern einen schweren Koffer aus seinem Geschäft wegbrachte. Er hatte oft am Tage sein Geschäft geschlossen. Dann war ein Zettel an die Tür gesteckt: 'Komme gleich wieder.' In Wirklichkeit hatte er dann irgendeinen Schwulen bei sich.«

Es stimmte, Krepp hatte nicht viel für sein Geschäft übrig. Auch der Milchmann Dahl aus der Großen Freiheit konnte ein Lied davon singen. »Der Krepp? Wenn ich mit meiner Milch kam, so um neun oder zehn Uhr, war der Laden immer dicht. Später bin ich immer erst gegen Mittag gekommen. Ich mußte meine Milch hinten am Keller abliefern, und oft habe ich Knaben bei Krepp im Keller gesehen.«

Ein 19jähriger Arbeiter aus St. Georg hatte im März und April 1935 etwa drei Wochen bei Krepp zur Untermiete gewohnt, wo außer ihm noch zwei junge Leute logierten.

»Ich halte den Krepp schon des Mordes für fähig. Das war so im März, als ich bei ihm wohnte. Ich wußte ja nicht, daß er 'anders' war, und ich bin für so etwas auch nicht zu haben. Aber ich hatte kein anderes Zimmer kriegen können.

An diesem Tage – wann es genau war, weiß ich nicht – saß ich oben in seinem Zimmer. Er hatte mich eingeladen; wir wollten Platten hören, und er hatte mir ein Buch zum Lesen versprochen. Er redete davon, daß er ins Ausland gehen wolle. Hier sei nicht mehr viel los. Es war so elf Uhr abends geworden, Krepp wollte zum Essen gehen. Ich stand auch auf und wollte in mein Zimmer, um mich umzuziehen, als er sich auf mich stürzte, mit beiden Händen meinen Hals umfaßte und mich kräftig würgte. Er murmelte höhnisch: 'Erwürgen werde ich dich, jetzt mußt du sterben!' Ich fiel aufs Liegesofa, und er drückte meinen Hals so stark, daß mir die Luft verging. Ich habe mit meinen Füßen seinen Kopf umklammert und ihn zurückgestoßen. Dadurch bekam ich Luft. Er hatte sein 'Ding' heraushängen. Da habe ich einen Hocker genommen und nach ihm geschlagen. Ich bin dann in mein Zimmer gegangen.

Schon vorher hatte ich ihm mal gesagt: 'Na, du bist doch schwul, was?' Das hat er auch zugegeben. Der andere Mieter, Lange, war auch dabei. Der ist aber auch so veranlagt. Früher, so hatte mir Krepp mal erzählt – so um 1928 'rum – da sei er in Frauenkleidern gegangen, das wäre eine gute Zeit gewesen. Heute bei der neuen Regierung könne man das nicht mehr tun . . .«

Krepp machte seine Bekanntschaften auf der Reeperbahn. Kriminalassistent Friedrich Möller hatte einen Portier ermittelt, der einiges dazu sagen konnte.

»Ich stehe bei Café Heintze. Seit ein oder zwei Jahren kenne ich den Krepp. Fast täglich habe ich abends und nachts beobachtet, daß er auf der Reeperbahn auf und ab ging. Er ging viel allein, aber auch häufig in Begleitung von jugendlichen männlichen Personen. Die Bengels sahen mir nach Pupenjungs aus. Ab und zu habe ich mal mit ihm gesprochen, da hat er mir gesagt: 'Ich bin geschäftlich unterwegs.' Na ja – da war mir klar, daß er sich Männer suchte.

So vor 'nem Monat – Mitte Mai – machte er einen geknickten Eindruck. Da habe ich ihn angesprochen. ‚Mensch, du machst ja 'n mieses Gesicht. Ist was los?' Er winkte ab und meinte, es gefalle ihm nicht mehr, er wolle abhauen. Nach Brüssel. Ein Artist vom Alkazar wollte ihn mitnehmen.«

Am 18. Mai 1935 wurde morgens gegen 5 Uhr vor dem Operettenhaus ein 30jähriger Arbeiter von einem jungen Mann angesprochen: »Mann, Sie haben aber langes Haar. Komm man mit, mein Freund ist Barbier, der schneidet es dir, und wir können einen Kleinen dabei trinken ...«

Er wurde mit zwei anderen jungen Männern bekanntgemacht, und sie holten noch eine kleine Flasche Rum.

»Ich war schon etwas angeschossen«, sagte der Arbeiter später aus, »sonst wäre ich wohl nicht mitgegangen. Wir gingen jedenfalls zum Brunnenhof in den Friseurladen. Da haben wir uns unterhalten, es wurden Platten gehört und Grog getrunken. Dann mußte ich mal zur Toilette.

Einer von den dreien, ob es der Friseur war, weiß ich nicht, kam mir nach und wartete, bis ich wieder 'rauskam. Da faßte er mich an die Brust. Das war aber nichts für mich.

Oben fingen sie an zu schweinigeln. Ich hätte einen schönen Arsch, sagte einer. Ich wollte ihm schon eine kleben, aber weil sie zu dritt waren, habe ich es gelassen. Ab und zu haben sie auch Licht ausgemacht, aber dann, als ich energisch wurde, wurde es wieder angeschaltet. Ich bin dann, ohne daß mir etwas passiert ist, abgehauen.«

Kriminalkommissar Körner und seine Männer hatten keinen Zweifel mehr, daß sie in einen homosexuellen Augiasstall besonderer Güte geraten waren. Hinweise über Hinweise gingen ein.

Körner ließ sich die Akten über den Fall kommen, wegen dem Krepp wenige Tage vor Entdeckung der Leiche in Untersuchungshaft genommen worden war. Er war typisch.

Ein 17jähriger Jungknecht aus dem Kreise Gifhorn war am 1. Juni mit einem Sonderzug zur Reichsnährstandsausstellung – einer Landwirtschaftlichen Messe – nach Hamburg gekommen. Nachdem er bis in die Abendstunden auf dem Ausstellungsgelände gewesen war, hatte er sich auf den Weg zur Reeperbahn, diesem Dorado der Fremden, gemacht. Alles war ungewohnt, alles war neu und für den unerfahrenen Jungen vom Lande kaum zu fassen. Staunend bummelte er unter den gleißenden Lichtreklamen umher, starrte er auf die gewagten Plakate, hörte er die verlockenden Zurufe der goldbetreßten Portiers. Irgendwo in einer Kneipe trank er ein Bier, brach wieder auf. Er stromerte durch die Nebenstraßen, wurde von freundlichen Mädchen angesprochen, entwich ihnen in seiner Schüchternheit und fand sich gegen halb vier Uhr morgens auf der Reeperbahn wieder. Es war vor dem Millerntorkino.

Da sprach ihn ein jüngerer Herr an: »Na , hast du kein Quartier?«

Der Bauernjunge blickte den Frager mißtrauisch an. »Nöö.«

»Du kannst mitkommen. Ich habe fünf Betten in der Wohnung. Drei habe ich schon belegt. Kostet zwei Mark!«

»Zwei Mark?«

»Zu teuer, was?« Der junge Mann faßte ihn plump vertraulich um die Schulter: »Komm man mit, du kannst es für 'ne Mark haben. Und Frühstück gibt's noch dazu. Ich kriege doch keinen Gast mehr heute nacht . . .«

Er ließ sich überreden. Natürlich hatte er etwas Angst. Doch die Furcht verschwand, als er mit dem Mann in einen Friseurladen ging. Ein Handwerker, so dachte er bei sich – da kann nichts passieren.

In dem Zimmer hinter dem Laden war noch ein Mann. »Das ist mein Freund«, sagte der, mit dem er gekommen war, »vor dem brauchst du keine Angst zu haben.«

Dann sagte der Begleiter zu dem Freund: »Du kannst mal nach unten gehen und Kaffee kochen!«

Der andere verschwand, kam aber nicht wieder.

Er solle sich aufs Sofa legen, forderte ihn der Mann auf. Und dann begann er ihn zu fragen, ob er schon einmal was mit einem Mädchen gehabt habe. Nein? Er solle ja nicht lügen, das könne er sofort feststellen. Er kam auf ihn zu, machte sich an seiner Hose zu schaffen. Dann vergriff er sich in gemeinster Weise an ihm.

Der unerfahrene Junge kam vor Angst halb um. Er weinte, doch der Kerl ließ nicht von ihm ab.

Plötzlich bemerkte er, wie der Fremde sein Portemonnaie, das er doch in der rechten Gesäßtasche getragen hatte, in der Hand hielt und es ihm wieder in die Tasche praktizierte. Der Junge tat, als habe er nichts gesehen.

»Lassen Sie mich 'raus«, bat er, »lassen Sie mich 'raus!«

Nach einer Stunde durfte er gehen. Draußen sah er in seine Geldbörse; es fehlten 7 Mark – ein Fünfmarkstück und zwei Markstücke.

Er erstattete Anzeige. Ein Polizist suchte sofort den Friseurladen auf, doch niemand war mehr da. Der Beamte hinterließ einen Zettel, Herr Krepp möge sich unverzüglich auf der Wache melden.

Damals wäre es sehr unklug gewesen, solchen polizeilichen Bitten nicht unverzüglich nachzukommen, und so erschien Krepp mit unschuldigster Miene gegen Mittag auf der Wache. Ja, er kenne den Jungen, aber er sei es nicht gewesen. Er habe mit der Sache nichts zu tun. Das sei ein

Bekannter von ihm, ein gewisser Sander, Tänzer von Beruf und jetzt erwerbslos.

»Ich habe ihm die Wohnung überlassen. Gegen seine Touren habe ich ja nichts. Aber wenn ich gewußt hätte, daß er den Jungen beklauen wollte, da hätte ich ihn nicht 'reingelassen . . .«

Sander wurde festgenommen, vernommen.

»Was«, schrie er Krepp an, »Du elender Wichser weißt von nichts? Du hast mich doch zum Diebstahl angestiftet! Du warst das doch, der 'reingekommen ist und gesagt hat: 'Na, was ist denn, komm' ich zurecht? Licht kostet doch auch Geld!' Da hört sich doch alles auf! Du hast doch die Hälfte abgekriegt. Das hast du wohl nicht ausgesagt, was?«

Sander war wütend. Als Krepp wieder in der Zelle war, sagte er zu dem Kriminalbeamten: »Herr Conrad, das ist wahr, was ich Ihnen jetzt erzähle. Der Krepp, der hat auch schon ewig 'ne Sache mit 'nem dreizehnjährigen Jungen aus der Nachbarschaft. Der soll mich kennenlernen! Mit dem hat er erst was aufgestellt!«

Conrad prüfte die Sache nach. Er ermittelte den Jungen, einen geistig etwas beschränkten Knaben. Und alles, was Sander ihm über die perversen Touren des Krepp erzählt hatte, stimmte.

Am nächsten Tag, am 4. Juni, durchsuchte Conrad zusammen mit Kriminalkommissar Wedekind – genannt »die Flüsterstimme« – und seinem Kollegen Dombrowski die Wohnung, den Laden und den Keller des Krepp. Sie stellten mehrere Briefe, eine Kerze und ein Paar Gummihandschuhe sicher. Die feinen Blutspuren an den Wänden des »Weißen Zimmers«, die verdächtigen Flecken auf der Matratze sahen sie nicht.

Man wird ihnen deshalb keinen Vorwurf machen wollen, auch nicht dazu, daß sie nicht die außerhalb der Wohnung unter dem Gerümpel bei der Hoftreppe liegende Leiche fanden. Einen Mord anzunehmen, hatten sie nicht die geringste Ursache.

Krepp war noch einmal, so schien es, davongekommen.

Daß ihm, der sich nun in Haft befand, unbehaglich war, ja, daß er Angst haben mußte, die Sache mit der Leiche würde herauskommen, läßt sich aus einem Brief beweisen, den er bereits am 5. Juni dem Untersuchungsrichter in Altona sandte. Die Sache mit dem Bauernjungen sei ja restlos geklärt, schrieb er, und er bitte daher, vor ein Schnellgericht zu kommen. Er müsse seine geschäftlichen Angelegenheiten in Ordnung bringen.

Noch konnte er, der bisher unbegreiflicherweise unbestraft geblieben war, mit einer gelinden Strafe rechnen.

Wer war dieser Krepp, dessen abartiges und gemeingefährliches Treiben so lange unentdeckt hatte bleiben können?

Otto Willi Krepp war am 10. Januar 1913 in Frankfurt/Main unehelich geboren worden. Seine Mutter, die 2 Jahre später in einer Heil- und Pflegeanstalt an Paralyse starb, hatte keinen sonderlich guten Ruf. Sein wahrscheinlicher Vater – eine Unterhaltsklage gegen ihn wurde abgelehnt, weil er nachweisen konnte, daß in der gleichen Nacht noch ein anderer der Kindesmutter beigewohnt hatte –, sein wahrscheinlicher Vater also war wiederholt wegen Sittlichkeitsdelikten vorbestraft.

Er besuchte die Domschule in Frankfurt, kam in eine Pflegestelle nach Sachsenhausen und zog, als er 7 Jahre alt war, mit seiner Mutter zu seinem Onkel nach Hamburg. Dieser wohnte auf der Reeperbahn und besuchte als Schausteller Messen und Märkte. Er ging mit dem Onkel nach Berlin, wurde dort dem Onkel fortgenommen – es ist nicht berichtet, warum – und kam schließlich zu einem Landwirt im Vogelgebirge erneut in Pflege. In Ginsheim am Rhein kam er in die Friseurlehre, die er ordnungsgemäß abschloß. 1930 zog er wieder zu einer in der Isestraße wohnenden Tante, und hier, nun wieder in Hamburg, arbeitete er in verschiedenen Friseurgeschäften, ab und zu von Erwerbslosenzeiten unterbrochen. Im Jahre 1933 machte er sich mit seinem Friseurgeschäft in der »Großen Freiheit« selbständig und verlegte es am I. Juni 1933 in den Großen Brunnenhof.

Krepp gibt in seinem Lebenslauf an, schon frühzeitig verführt worden zu sein. Mit fünfzehn Jahren, während der Lehre, habe er mit einem anderen Lehrling in einem Bett schlafen müssen. Für Mädchen habe er nie Interesse gehabt. »Ich will erobert werden wie eine Frau«, sagte er einmal. Ja, er wisse, daß er, wie es im Homosexuellenjargon heißt, eine »Tante« sei; er könne nun aber mal nicht davon los, auch sähe er absolut nichts Verwerfliches darin. Er bevorzugte entsprechende Lokale. Zur Hauptsache verkehrte er im »Bayerischen Hiasl«, im »Stadtkasino«, in der »Marienburg«, in den »Hütten«, der »Indish-Bar« und in der Wirtschaft »Zu den drei Sternen«. Das war seine Welt, dort traf er Gleichgesinnte.

Wer aber war der Tote, der auf noch ungeklärte Weise in den finsteren Kellern des Friseurladens sein Ende gefunden hatte? Wer war der Tote, von dem man nicht mehr wußte, als daß er 1,72 Meter groß und etwa 30 bis 40 Jahre alt gewesen sein mußte?

Einzige sichere Anhaltspunkte waren künstliche Zähne im Unterkiefer, eine Brücke mit vier Schneidezähnen des

Oberkiefers und einige Daten über eine weitere bestimmte Zahnbehandlung. Das Gebiß lag bei der Mordkommission in der Herderstraße 66, Zimmer 51, aus.

Am 16. Juni ließ sich bei Conrad ein 83jähriger alter Herr melden. Ob er hier richtig sei bei der Dienststelle, die die Sache mit dem Toten vom Brunnenhof bearbeite?

Conrad nickte nur und wies auf den Stuhl.

»Ich habe den Bericht im Fremdenblatt gelesen«, sagte der Greis mühselig, »und ich denke, es könnte mein Sohn Ludwig Dibbern sein, der seit dem 2. März verschwunden ist. Ich habe schon eine Vermißtenanzeige an der Wache 30 erstattet; und so, wie Sie es mit dem Gebiß beschrieben haben – er hat sich seine Zähne bei dem Dentisten in der Mühlenstraße 44 machen lassen.«

Der alte Herr machte eine Pause. Das Sprechen fiel ihm schwer. »Wissen Sie, Herr Kommissar«, begann er wieder, »der Junge war auch anders veranlagt, sehr zu meinem Kummer. Er war Seemann, Sie wissen ja – da kommt das wohl öfters vor . . .«

Conrad nickte.

»Er war zuletzt auf der ‚Shore Ham' gefahren, und Ende Februar hatten sie abgemustert, oben in Schottland; sie hatten Kuba und die amerikanische Ostküste gemacht. Er schrieb mir noch von Adrossan bei Glasgow, daß er nach Hause kommen wolle. Die Mannschaft und auch mein Sohn kamen Ende Februar hier an. Mein ältester Sohn hat sich am 2. März mit ihm in der Stadt getroffen, oder besser: in einer Gastwirtschaft in der Nähe von meinem Sohn Otto. Das war bei Plocinnek in der Harden-Diele. Das ist auch so 'n Lokal, da in der Mühlenstraße. Kennen Sie das?«

Nein, Conrad kannte es nicht. Noch nicht. »Und seitdem ist er spurlos verschwunden?« fragte er.

»Ja. Er hat mit seinem Bruder noch eine ziemliche Zeche bei Plocinnek gemacht. So an die zwanzig Mark. Er hatte ja seine Heuer bekommen, verstehen Sie?

Am Tag vorher hat er mich anrufen lassen, ich sollte dorthin kommen, in die Wirtschaft. Ich bin nicht gegangen. Es wäre wohl richtiger, habe ich ihm geantworttet, *er* würde seinen Vater besuchen und nicht umgekehrt. Das war das letzte, was ich mit ihm gesprochen habe . . .«

Die Vermutung des Vaters sollte sich nur zu bald bestätigen. Nörenberg vom Altonaer Erkennungsdienst konnte mit einem winzigen Hautfetzen des Daumens beweisen, daß der Tote Ludwig Dibbern war. Ein Kamm, bei dem Toten vorgefunden, wurde vom Vater als Eigentum seines Sohnes anerkannt.

Es blieb herauszufinden, was geschehen war.

Wie war Dibbern in die Wohnung des Krepp gelangt? War Otto Krepp der Täter, war vielleicht einer der vielen, stets wechselnden Homosexuellen der Mörder? Wann hatte sich der Mord abgespielt? Was war das Motiv?

Krepp stritt, als er zum ersten Male vernommen wurde, jegliche Beteiligung am Morde glattweg ab. Nun, er habe laufend junge Leute zur Untermiete bei sich wohnen gehabt, oft mehrere zu gleicher Zeit. Er gebe auch zu, daß es meist Homosexuelle gewesen seien, ja. Aber »normale« seien auch darunter gewesen: der Zeuge Lange zum Beispiel.

Kriminaldirektor Kleinschmidt – er führte die Vernehmungen und die weiteren Ermittlungen in dieser Sache weitgehend selbst – hakte ein:

»Aber der Opitz, der das Zimmer zuletzt hatte – er sitzt ja inzwischen auch –, der muß doch davon wissen? Die Wäsche war doch blutig und die Matratze auch?«

»Ich weiß nicht.«

»Haben Sie denn an Opitz was bemerkt?«

»Nein. Ich weiß nicht, was Sie dauernd wollen!«

»Aber irgend jemand muß doch saubergemacht haben!«

»Das schon! Aber ich nicht . . .«

Es war nicht weiterzukommen. Opitz wurde geholt.

Opitz lehnte jede Mitwirkung, ja jede Kenntnis von dem Mord ab.

»Ich denke gar nicht daran«, sagte er erregt. »Ich habe natürlich die Blutstellen an den Matratzen und auch am Bettlaken gesehen. Da habe ich den Krepp gefragt: ‚Was ist denn das?' – ‚Da hat wohl 'ne Frau geschlafen, die ihre Regel hatte', hat er mir geantwortet. Und jetzt will er von allem nichts wissen? Ich will Ihnen was sagen, Herr Direktor: Wenn einer für die Sache in Frage kommt, dann kann das nur Krepp gewesen sein!«

Der Friseur stritt weiter ab. Nein, er sei es nicht gewesen; es käme nur einer in Frage: Opitz.

Die Beweise mehrten sich. Der Ermordete hatte sich bei seiner Rückreise in London bei C. A. Dunn, Piccadilly Circus, einen dunkelbraunen Anzug gekauft und bei Gardiner & Co. an der Ecke Commercial Road und Eastroad einen blauen Mantel. Firmenzeichen dieser Sachen wurden in der Schreibtischschieblade, in einem Geheimfach versteckt, gefunden. Die Männer der Mordkommission ermittelten, daß ein junger Mann aus Stade ein braunes Jackett von Krepp gekauft und dieser ihm auch noch einen dunkelblauen Anzug angeboten hatte. Das war Mitte März gewesen. Kleinschmidt ließ den Sakko sicherstellen: das Firmentikett fehlte.

Ein Paar schwarze Stiefel, die im Wohnzimmer des Krepp gefunden worden waren, stellten sich als Eigentum des Ermordeten heraus. Der blaue Anzug war von ihm in einem Leihhaus versetzt worden. Für 20 Mark. Kleinschmidt konnte nachweisen, daß Krepp den Pfandschein an einen anderen Homosexuellen verkauft hatte.

Am 20. Juni 1935 ließ er sich Krepp erneut vorführen.

Er redete ihm wie ein Vater zu: »Nun erleichtern Sie doch Ihr Gewissen, Krepp! Es hat doch keinen Zweck mehr, ich habe Sie doch dauernd zur Wahrheit ermahnt . . .«

»Ich kann nichts sagen, ich weiß von nichts.«

»Wenn Sie wüßten, was wir alles an Beweisen haben! Wie kamen Sie an die Sachen des Toten?«

»Zu den Sachen des Toten?«

»Sie haben doch die Firmenetiketts aus den Sachen herausgeschnitten; wir fanden sie in den geheimsten Ecken ihrer Schiebladen.«

Das also war es! Der Friseur wurde unruhig, schluckte schwer.

»Haben Sie es allein gemacht? Wie kamen Sie zu den Sachen?« stieß Kleinschmidt nach.

»Ich habe mir viel von meinen Kunden gekauft. Aber wer diese waren – ich weiß es nicht.«

». . . und ausgerechnet vom Ermordeten, was? Wie ist es denn mit den Stiefeln?«

»Was meinen Sie für Stiefel?«

»Na, die des Toten natürlich!«

»Kann sein, daß ich die mal gekauft habe. Ich habe ja viele Sachen gekauft . . .«

Kleinschmidt blickte Kommissar Körner an, fragte Hell, den Stenografen: »Haben Sie das?« Der Assistent nickte.

Kleinschmidt stand auf, ging auf Krepp zu. Er legte ihm die Hand auf die Schulter, rüttelte ihn und sagte: »Menschenskind, Krepp, nun sagen Sie doch endlich, wie ist die Sache vor sich gegangen?«

Otto Krepp hielt den Kopf mit dem schwarzen glatten Mittelscheitel gesenkt. Er blickte Kleinschmidt nicht an, als er leise und stockend herausbrachte: »Ich war nicht der Täter . . .«

»War es Opitz?«

»Nein, es war ein großer Seemann. Er schlief unten . . .«

Kleinschmidt und Körner atmeten unhörbar auf. Die erste Bresche war geschlagen.

Es sei ein Seemann gewesen, erfuhren die Beamten. Er habe ihn in einem Lokal kennengelernt. Und dieser Seemann nun habe den Dibbern Anfang März mitgebracht und in das »Weiße Zimmer« genommen. Irgendwie hätten die beiden wohl Streit gekriegt, vielleicht wegen Geld, und da sei es dann passiert. Der Seemann sei verschwunden, und er, Krepp, habe mit der Leiche im Zimmer dagesessen.

»Es war grauenhaft«, stöhnte Krepp. »Das Blut habe ich aufgewischt und beseitigt, und dann habe ich die Leiche weggeschafft. Sie mußte ja aus dem Zimmer ’raus. Ich habe einen Koffer genommen und sie ’reingepackt. Sie war schon verschnürt. Der andere war ja in der Nacht verduftet.«

Nein, Opitz, der im mittleren Zimmer geschlafen habe, habe nichts davon gewußt. Der sei erst gegen Mittag nach oben gekommen.

»Und da war die Leiche noch nicht entdeckt?«

»Nein. Opitz fuhr weg, und ich ging nach unten. Da sah ich das dann. Ich meine: den Toten zusammengeschnürt im Bett. Und der Seemann war weg. Ich habe die Sachen an mich genommen und in meinen Schrank gehängt, das waren ein dunkelblauer Anzug, ein dunkelblauer Mantel, die Schnürstiefel und ein Hut.

Nach einer Woche fand ich in der Tasche des Anzuges einen Gepäckschein. Ich habe damit durch einen Gepäckträger einen Karton auf dem Hauptbahnhof einlösen lassen. Da waren noch andere Sachen drin, von denen habe ich einen anderen blauen Anzug bei Pünjer auf der Reeperbahn versetzt.«

»Na ja«, winkte Kleinschmidt ab. »Leider stimmt das nicht so ganz. Unsere Feststellungen am Tatort sagen etwas anderes. An den fremden Seemann kann ich nicht so recht glauben. Wie war es denn nun wirklich?«

Krepp wand sich, versuchte Ausflüchte, beharrte auf seiner Darstellung. Dann schließlich, nach Stunden, brachte er eine Version, bei der er im Grunde bis zuletzt blieb:

Der Seemann, Dibbern und er hätten im »Weißen Zimmer« homosexuelle Praktiken verübt. Ja, auch Analverkehr. Das sei es ja gewesen, was ihm so heftige Schmerzen verursacht habe. Er sei in Wut gekommen, habe einen zufällig dort liegenden Hammer ergriffen und Dibbern erschlagen. Im Affekt. Der flüchtige Seemann habe ihm noch geholfen, die Leiche zu verschnüren, dann habe er ihn an die Luft gesetzt.

Ob Dibbern geschrien habe?

Er könne es nicht sagen. Ja, es stimme, daß Opitz im Nebenzimmer geschlafen habe. Aber der habe nichts bemerkt.

»Und das war in der Nacht zum 3. März?«

»Ja, es kann nur an diesem Tag gewesen sein.«

Kleinschmidt ließ Opitz kommen, hielt ihm die Kreppschen Angaben vor.

»Und von dem ganzen Lärm haben Sie nichts gehört?«

»Herr Direktor«, protestierte Opitz. »Der Kerl lügt wie gedruckt. Ein Glück für mich, daß ich gerade um diese Zeit nicht da war. Ich war nämlich vom 24. Februar bis zum 6. oder 7. März in Pansdorf, da habe ich bei einer Familie Flöhrmann gewohnt. Das können Sie jederzeit nachprüfen. Ich hatte das mittlere Zimmer wohl noch gemietet, das ist aber auch alles. Der Krepp war ganz allein dort. Das 'Weiße Zimmer' war ja frei, als ich nach Pansdorf fuhr, und das andere Zimmer zur Straße auch . . .«

Kleinschmidt ließ die Angaben überprüfen. Es stimmte. Jetzt blieben nur noch zwei: Krepp und der angebliche Seemann. Kleinschmidt und Körner glaubten nicht an den Matrosen. Ein zweiter Täter wurde trotz aller Anstrengungen nie ermittelt.

Als sie einige Tage später im Keller des Friseurs unter Gegenwart des Krepp einen Lokaltermin machten, ließ sich Kleinschmidt die Situation vorführen. Was sich herausstellte, war, daß die Angaben des Mörders vorn und hinten nicht stimmen konnten.

Kleinschmidt hatte gute Gründe dafür: Der Tote hatte am linken Fuß noch einen Strumpf getragen, und an eben diesem Strumpf hatte sich eine Anzahl kleinster Haare befunden, wie sie in Friseurläden auf jedem Fußboden zu finden sind. Der Ermordete mußte also noch zu Lebzeiten – und zwar ohne Schuhe – oben im Friseurladen gewesen sein. Die Tat konnte sich daher sehr wohl so abgespielt haben, daß Krepp und Dibbern den Laden betreten hatten, wo es zu widernatürliche Handlungen gekommen war. Danach brachte der Friseur den vom Alkohol und der Müdigkeit befallenen Dibbern nach unten in das »Weiße Zimmer«, wartete, bis dieser eingeschlafen war, und erschlug ihn im Schlafe mit einem Hammer. Die Leiche packte er später in einen Koffer und versteckte diesen im Gerümpel unter der eisernen Kellertreppe draußen im Hof.

Da war kein zweiter Täter, da war nicht die Spur einer Affekthandlung . . .

Und das Motiv?

Krepp, faul und nur seinen abseitigen Leidenschaften ergeben, befand sich in äußerster finanzieller Bedrängnis. Sein Geschäft, das er nur nebenher und mehr zur Tarnung betrieb, brachte so gut wie nichts ein, auch nicht die Vermietung der Kellerräume. Ständig war er darauf aus, Homosexuelle auszunehmen.

Dibbern, der sich in England völlig neu und gut eingekleidet hatte, hatte er in einschlägigen Lokalen in der Nähe des Zeughausmarktes getroffen und überredet, mit ihm zu kommen. Denn auch das konnte Krepp auf keinen Fall entgangen sein: daß nämlich Dibbern noch einen stattlichen Teil seiner Heuer in der Tasche hatte. Genug, um erst einmal aus der schlimmsten Misere herauszukommen.

Am 13. Juni 1936 verurteilte das Schwurgericht Altona Otto Krepp nach einer dreitägigen Verhandlung, zu der mehr als 40 Zeugen geladen waren, zum Tode wegen Mordes in Tateinheit mit schwerem Raub. Es verurteilte ihn weiter wegen fortgesetzter Unzucht mit Männern und Kindern, wegen Diebstahls und anderer Delikte zu

8 Jahren Zuchthaus. Die bürgerlichen Ehrenrechte wurden ihm auf Lebenszeit aberkannt.

Es war fast auf 1 Jahr genau nach Auffindung der Leiche. Die Akte Krepp, mehr als 2 000 Seiten stark, war geschlossen.

Am 13. Oktober verwarf das Reichsgericht den durch seinen Anwalt eingereichten Revisionsantrag. Krepp hatte keine Gnade zu erwarten. Der nationalsozialistische Polizeipräsident von Altona, Hinkler, schrieb: »Weder in der Person des Verurteilten noch in seiner Handlungsweise läßt sich etwas Gnadenwürdiges finden. Auch aus kriminalpolitischen Gründen halte ich die Befürwortung eines Gnadenerweises nicht angebracht.

Eine Begnadigung würde in diesem Falle dem gesunden Empfinden der Bevölkerung widersprechen. Das Volk will derartig minderwertige und verbrecherische Individuen nicht auf die Dauer ihres Lebens auf Staatskosten in Strafanstalten unterhalten, sondern dem richterlichen Urteilsspruch gemäß ausgemerzt wissen.«

Krepp, der weder Reue noch Einsicht gezeigt hatte, hatte sein Leben verspielt. Ein Erlaß Hitlers vom 15. Dezember 1936 besiegelte endgültig sein Schicksal:

»In der Strafsache gegen den durch rechtskräftiges Urteil des Schwurgerichts in Altona vom 13. Juni 1936 wegen Mordes und Raubes zum Tode und zum dauernden Verlust der bürgerlichen Ehrenrechte verurteilten Otto Krepp habe ich beschlossen, von dem Begnadigungsrecht keinen Gebrauch zu machen, sondern der Gerechtigkeit freien Lauf zu lassen.«

Adolf Hitler

Die Hinrichtung durfte wegen des juristischen »Weihnachtsfriedens« nicht in der Zeit vom 21. Dezember bis zum 6. Januar erfolgen. So sollte sie am 7. Januar in aller Frühe stattfinden.

Es gab nur einen Grund, daß der Termin nicht eingehalten werden konnte: Scharfrichter Carl Gröpler aus Magdeburg hatte am 7. und 8. Januar »dienstlich im Rheinlande« zu tun. Er schrieb: »... So kann ich die Vollstreckung des Urteils an dem Otto Krepp erst am Dienstag, dem 12. Januar 1937, vornehmen und werde mich am Montag, dem 11. Januar 1937, 18 Uhr, im Gefängnis Altona melden.«

Untertänigst

Carl Gröpler, Scharfrichter

Der Henker erschien am Abend des 11. Januar mit seinen drei Gehilfen im Gefängnis Altona und nahm dort Wohnung, um jegliches Aufsehen zu vermeiden.

An diesem Tage, es war genau 18.15 Uhr, wurde Otto Krepp aus seiner Zelle in das Dienstzimmer des Strafanstaltsvorstehers geführt. In Fuß- und Handfesseln, in seinem blauen Drillichzeug stand er vor Oberstaatsanwalt Dr. Münzberg, der für die Vollstreckungsbehörde das makabre Amt hatte, die bevorstehende Hinrichtung zu verkünden.

Der Erlaß Hitlers wurde vorgelesen. Leichenblaß starrte Krepp in die Leere, hörte er wie aus weiter Entfernung die Worte:

»Ich habe Ihnen zu verkünden, daß die gegen Sie erkannte Todesstrafe morgen, am 12. Januar 1937, morgens um sechs Uhr gegen Sie vollstreckt werden wird!«

Die letzte Frage blieb im Raum stehen: Ob er etwas zu entgegnen habe?

Krepp schwieg.

Ruhig und gefaßt ließ er sich abführen. Dem Brauch entsprechend wurde ihm eine Henkersmahlzeit verabreicht: ein Pfund Beefsteak, für 1,40 Mark aus einer Schlachterei in der Bergstraße besorgt. Nichts war da von Wein, Braten und Kerzenlicht ... Alles Legende. Es war die letzte Vergünstigung, die ihm in seinem verpfuschten Leben zuteil wurde.

Der 12. Januar 1937 ...

Fröstelnd stehen sie auf dem halbdunklen, nur von wenigen Lampen beleuchteten Hofplatz des Altonaer Gefängnisses: Richter, Staatsanwalt und Verteidiger; Geistlicher und Arzt, dazu einige geladene Zeugen. Es ist kurz vor sechs. Scharfrichter Gröpler steht mit seinen Gehilfen bereit.

Mit dem letzten Glockenschlag 6 Uhr wird Otto Krepp in den Halbkreis geführt, der sich um die Richtstätte gebildet hat. Hastig, mit gedämpfter Stimme, werden das Urteil und der Erlaß Hitlers verlesen. Um 6 Uhr, 1 Minute und 2 Sekunden wird Krepp dem Scharfrichter mit den Worten übergeben:

»Die Gerechtigkeit nehme ihren Lauf! Walten Sie Ihres Amtes!«

Das Beil fällt um 6 Uhr, 1 Minute und 43 Sekunden.

Zwei Stunden später werden die ersten blutroten Plakate in Altona und Hamburg an die Litfaßsäulen angeschlagen:

Bekanntmachung

An dem Otto Krepp aus Altona ist heute in Altona die Todesstrafe durch Enthauptung vollstreckt worden.

Krepp ist durch rechtskräftiges Urteil des Schwurgerichts in Altona vom 13. Juni 1936 wegen Mordes und schweren Raubes, begangen an dem Seemann Ludwig Dibbern aus Hamburg zum Tode verurteilt worden.
Altona, den 12. Januar 1937
Der Oberstaatsanwalt

Die Leiche Krepps wurde dem Anatomischen Institut der Universität Kiel übergeben . . .

Der Volksmund sagt: Nichts ist umsonst, nicht einmal der Tod – er kostet das Leben. Aber der amtliche Tod hat noch einen anderen Preis, und so mag den makabren Dokumenten dieses Falles noch die zeit- und kriminalgeschichtlich bedeutsame Rechnung des Scharfrichters hinzugefügt werden:

1. Expreßgutfracht der Geräte von Magdeburg nach Altona (Elbe)	13,50 RM
2. dto. der Geräte von Altona nach Magdeburg zurück	13,50 RM
3. Autofahrt 4 Personen von Magdeburg nach Altona à 12,20 RM (D-Zug, Preis wie Bahnfahrt)	48,80 RM
4. dto. 4 Personen von Altona nach Magdeburg zurück à 11,20 RM (Eilzug)	44,80 RM
5. Vergütung für Gröpler laut Vertrag pro Hinrichtung	60,00 RM
6. dto. für 1 Gehilfen lt. Vertrag pro Hinrichtung 50 RM (3 x 50)	150,00 RM
7. Eilbrief-Porto, Brief an Herrn Oberstaatsanwalt in Altona	00,52 RM
	331,12 RM

Krepp, der noch in der ersten Zeit seiner Untersuchungshaft lächelnd gemeint hatte, die Sache würde ihn einige Jahre, allenfalls 10 Jahre kosten, hatte für seine Tat furchtbar gesühnt. Er hatte die neuen Herren verkannt, die sich vorgenommen hatten, Verbrechen und sexuelle Abartigkeit oder Andersartigkeit rücksichtlos auszurotten.

Sein Prozeß, der in Deutschland riesiges Aufsehen erregt hatte, wurde denn auch zum Auftakt einer rigorosen Kampagne gegen die Homosexualität.

Im August 1936 erschien in Hamburg ein Sonderkommando der Geheimen Staatspolizei aus Berlin, das dort bereits zur Bekämpfung der Homosexualität eingesetzt worden war, und führte – obwohl die Bekämpfung der Homosexualität an sich nicht Sache der Gestapo war – »unter der Leitung eines in diesen Dingen besonders erfahrenen Kriminalkommissars«, wie die zeitgenössische Presse schrieb, eine große Säuberungsaktion durch. Eine aufsehenerregende Zahl von homosexuellen Verkehrslokalen wurde festgestellt. Innerhalb kurzer Zeit wurden mehrere hundert Personen wegen gleichgeschlechtlicher Betätigung festgenommen und den Gerichten zugeführt. Eine Welle von Abschreckungsprozessen rollte heran, deren erste Fälle bereits am Dienstag, dem 25. August 1938, vor dem Schnell-Schöffengericht zur Anklage standen. Und für Vergehen, die heute mit Geldstrafen, allenfalls mit geringen Haft- oder Gefängnisstrafen geahndet werden würden, fielen Strafen zwischen 12 und 18 Monaten Gefängnis. Wiederholungstäter wanderten unnachsichtlich ins KZ...

Denn, so hatten die Nationalsozialisten in der Strafrechtsnovelle vom 28. Juni 1935 argumentiert: »Der neue Staat, der ein an Zahl und an Kraft starkes, sittlich gesundes Volk erstrebt, muß allem widernatürlichen geschlechtlichen Treiben mit Nachdruck begegnen. Die gleichgeschlechtliche Unzucht zwischen Männern muß er besonders scharf bekämpfen, weil sie erfahrungsgemäß die Neigung zu seuchenartiger Ausbreitung hat und einen verderblichen Einfluß auf das ganze Denken und Fühlen der betroffenen Kreise ausübt . . .«

Nun, selbst mit überaus radikalen Maßnahmen ließ sich die Homosexualität allenfalls eindämmen, aber nicht beseitigen; und das diskriminierende »rosa Dreieck« – Erkennungszeichen der in KZ-Haft befindlichen Homosexuellen – blieb im wahrsten Sinne des Wortes nur an der Oberfläche haften. Die Ursachen beseitigte es nicht.

Wie immer man auch über die Homosexualität denkt – sie wird immer ein menschliches, soziologisches und medizinisches Problem bleiben. In kriminologischer Hinsicht freilich stellen die »echten« Homosexuellen kaum eine nennenswerte Gefahr dar. Aber so wie die weibliche Prostitution den Nährboden für ein gefährliches Zuhältertum bildet, so ist doch die Homosexualität die Basis eines äußerst aggressiven Strichjungenunwesens, aus dem sich bisher immer noch ein Großteil des Gewaltverbrechertums rekrutiert hat: vom asozialen und arbeitsscheuen Taugenichts angefangen über den Erpresser bis zum brutalen Räuber und Mörder. Das ist das echte Problem innerhalb der Homosexualität, wie es sich für die Kriminalpolizei stellt.